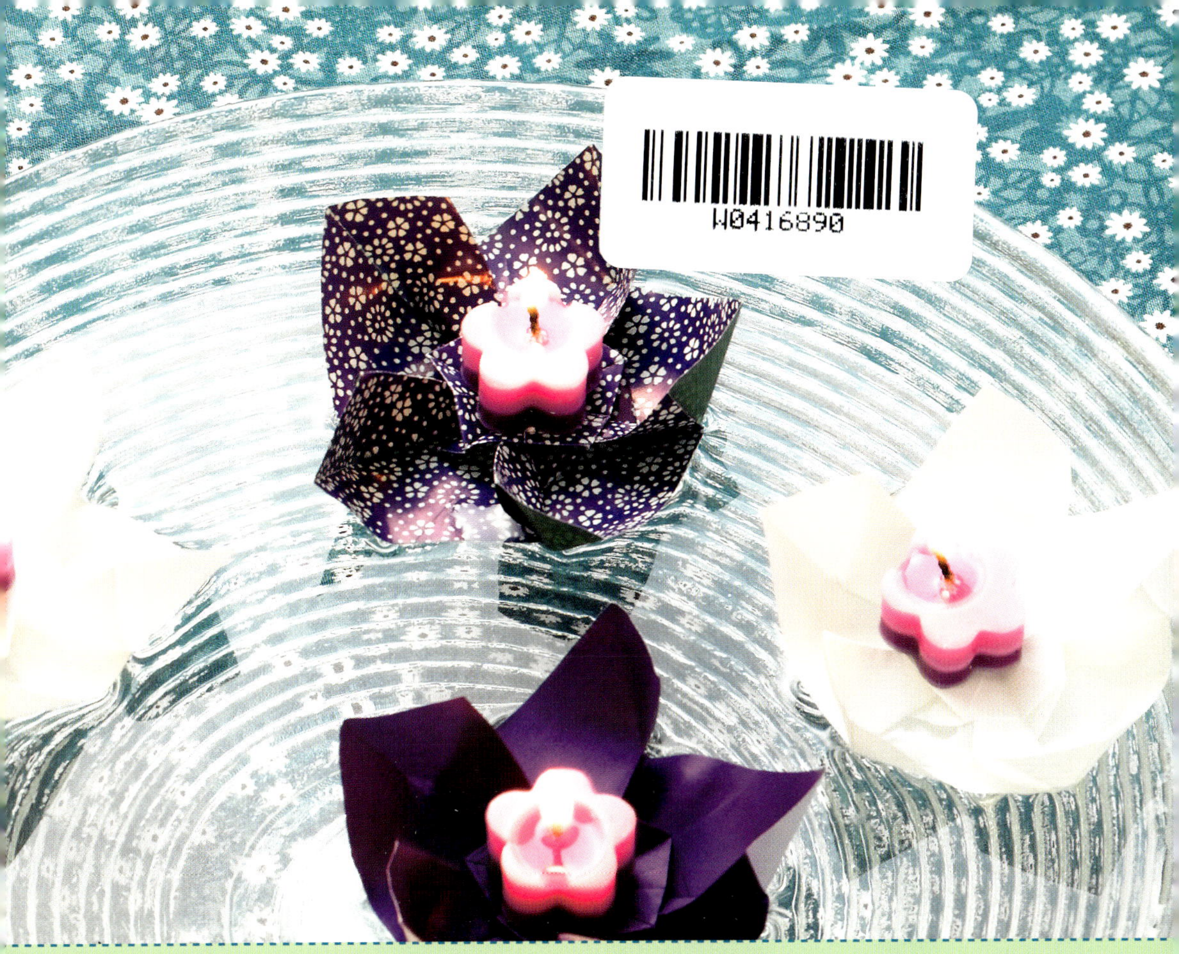

Origamiblüten sind immer wieder faszinierend! Allein durch den Wechsel von Papier und Arrangement ist die Variationsmöglichkeit einer Blüte unendlich vielseitig.

In diesem Buch werden Ihnen acht neuartige Blüten vorgestellt, die durch kleine Faltänderungen recht einfach zu weiteren Blütenvarianten werden. Aber natürlich sind auch Klassiker enthalten, wie die Seerose oder die Lilie. Daneben werden zwei Blätterarten vorgestellt, die Blüten zu Blumen und damit die Dekoration komplett machen.

Gerade Blüten oder Blumen eignen sich sehr gut für Origami-Einsteiger, da Blüten dem Faltenden kleine Faltfehler verzeihen. Die Unregelmäßigkeit beim Falten gibt einer Blüte sogar eine besondere Note.

Nun wünsche ich Ihnen viel Spaß beim Falten und Variieren eigener Blüten und Blumen.

Ihr

D. Meißner

# Kelchblüten-Lichterkette

schickes Wohnaccessoire

DURCHMESSER
ca. 11 cm

MATERIAL
* Lichterkette mit 10 Glühlämpchen
* Alleskleber

FÜR DIE BLÜTEN IN ROSA
* 5 Faltblätter in Rosa mit Rankenmuster, 15 cm x 15 cm
* 5 Faltblätter in Rosa mit grünen Punkten, 15 cm x 15 cm
* 5 Faltblätter in Rosa mit grünen Punkten, 7,5 cm x 7,5 cm

FÜR DIE BLÜTEN IN GRÜN
* 5 Faltblätter in Grün mit Rankenmuster, 15 cm x 15 cm
* 5 Faltblätter in Grün mit rosa Punkten, 15 cm x 15 cm
* 5 Faltblätter in Grün mit rosa Punkten, 7,5 cm x 7,5 cm

FALTSKIZZEN
Vorlagenheft Seite V 1

## Kelchblüte falten

1 Talfalten Sie die rechte Kante auf die untere Kante. Die Faltung braucht nur bis zur Mitte gefaltet werden. Falten Sie die Faltung wieder auf.

2 Wenden Sie das Papier.

3 Falten Sie die untere Kante auf die obere Kante. Diese Faltung brauchen Sie auch nur bis zur Mitte falten. Falten Sie die Faltung wieder auf.

4 Talfalten Sie alle vier Ecken in die Mitte und falten Sie sie wieder auf.

5–7 Falten Sie die untere linke Ecke genau auf die obere linke Ecke. Die Mitte des Papiers geht nach unten, während die Ecken beim Falten nach oben zeigen. Es bildet sich ein Trichter.

8 Talfalten Sie nun zuerst die doppelte Ecke in die Mitte mithilfe der Faltungen aus Schritt 4.

9 Talfalten Sie die zwei restlichen Ecken in den Trichter.

10 So sieht der fertige Kelch aus.

## Kelchblüten zusammensetzen

1 Für eine Blüte werden zwei Faltblätter mit der Größe 15 cm x 15 cm und ein Faltblatt mit der Größe 7,5 cm x 7,5 cm benötigt. Falten Sie sie gemäß der linken Anleitung.

2 Kleben Sie für eine Blüte zunächst einen großen rosafarbenen Kelch in einen kleinen grünen Kelch. Dann kleben Sie in den großen rosafarbenen Kelch versetzt einen großen grünen Kelch.

3 Schneiden Sie an der Blütenbasis ein kleines Loch (ø 5 mm) ein, sodass die Blüten auf die Lichterkette gesteckt werden können.

4 Fixieren Sie die Glühlämpchen mit ein wenig Klebstoff an der Blüte.

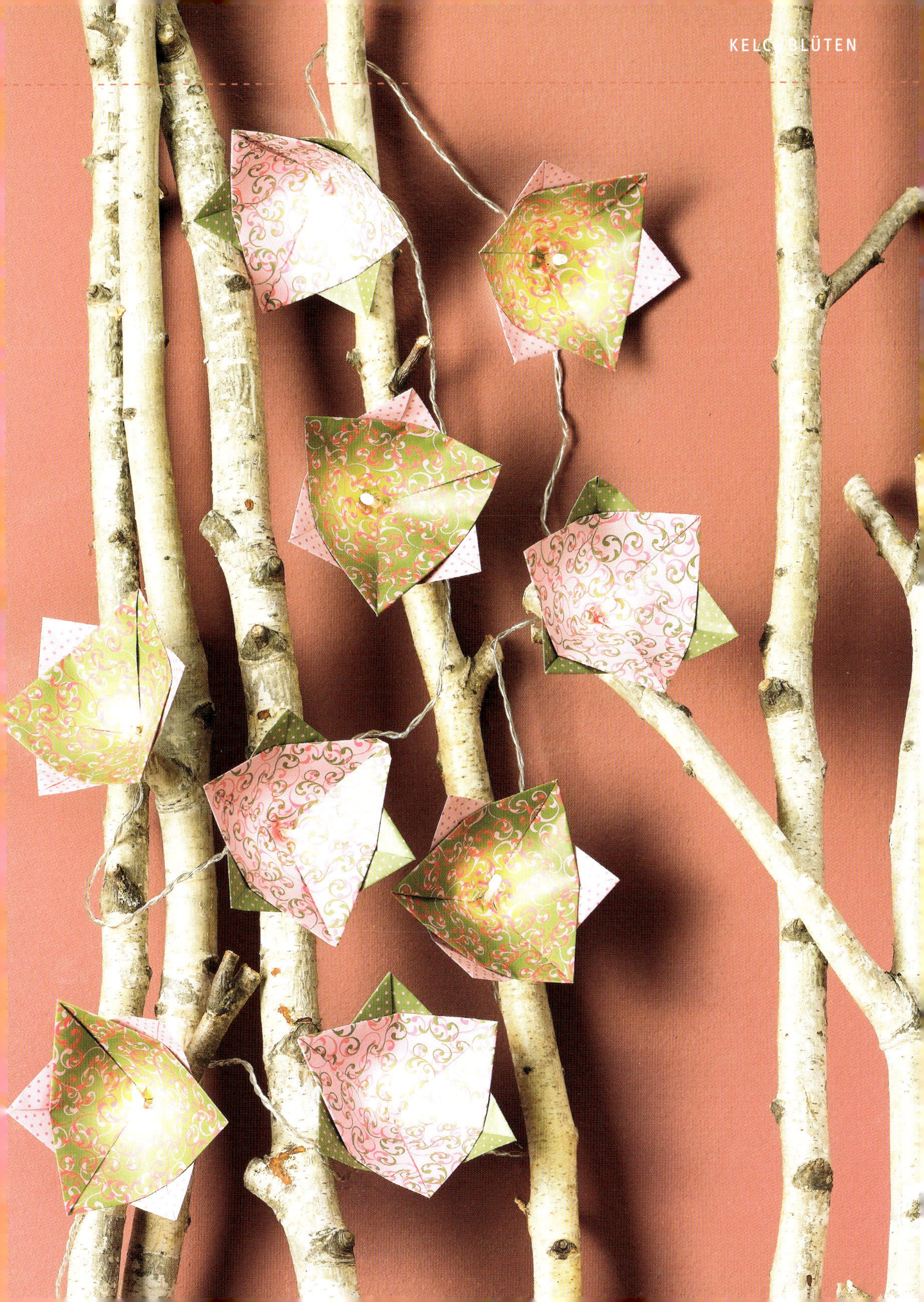

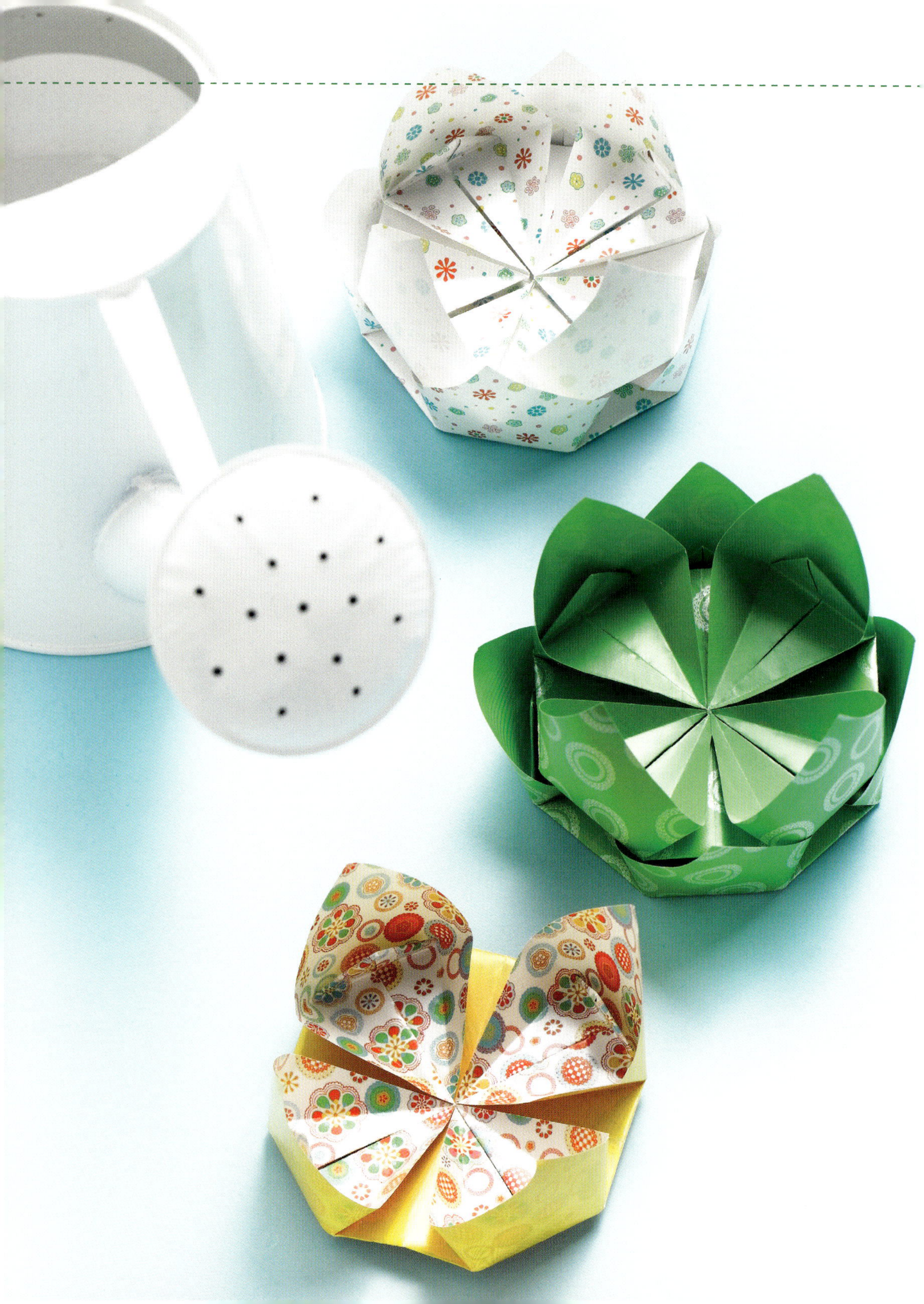

# Seerosenzauber

ein beliebter Klassiker

DURCHMESSER
ca. 8 cm

MATERIAL
JE SEEROSE
* 2 Faltblätter in Grün gemustert, Weiß gemustert oder Weiß-Bunt gemustert, je 15 cm x 15 cm (Set „Jasmin“)

FALTSKIZZEN
Vorlagenheft Seite V 2

## Seerosen falten

**1** Legen Sie das Faltblatt mit der gemusterten Seite nach oben. Falten Sie die untere Kante auf die obere. Dann falten Sie die linke auf die rechte Kante. Falten Sie die Faltungen wieder auf.

**2** Falten Sie alle vier Ecken in die Mitte.

**3** Das Papier wenden.

**4** Falten Sie alle vier Ecken in die Mitte und falten Sie die Faltungen wieder auf.

**5** Wenden Sie das Papier wieder.

**6** Die acht Talfalten wie abgebildet falten. Falten Sie die Kante jeweils auf die Mitte. Die Faltung muss nicht komplett durchgefaltet werden, sondern nur an der Spitze.

**7–8** Falten Sie die Ecken A und B nach außen und bergfalten Sie die obere Spitze auf die Rückseite.

**9** Die Schritte 7–8 mit den anderen drei Ecken wiederholen.

**10** Wenden Sie das Papier.

**11** Falten Sie alle vier Ecken in die Mitte und drücken Sie die Seerose flach.

**12** Alle vier Ecken wieder auffalten.

**13** So sieht eine einteilige Seerose aus.

## Seerosen zusammensetzen

Setzen Sie zwei Seerosen versetzt ineinander, um eine schöne, volle Seerose zu erhalten (Skizze 14). Wenn nötig, können Sie die innen liegenden Papierlagen dazu vorher mit etwas Klebstoff fixieren, damit die Seerose schön kompakt bleibt.

### Mein Tipp für Sie

**Schwimmende Seerosen** Wenn Sie die Seerosen schwimmen lassen möchten, können Sie sie auch aus schwimmfähigem Papier falten und vorsichtig in eine mit Wasser gefüllte Schale setzen.

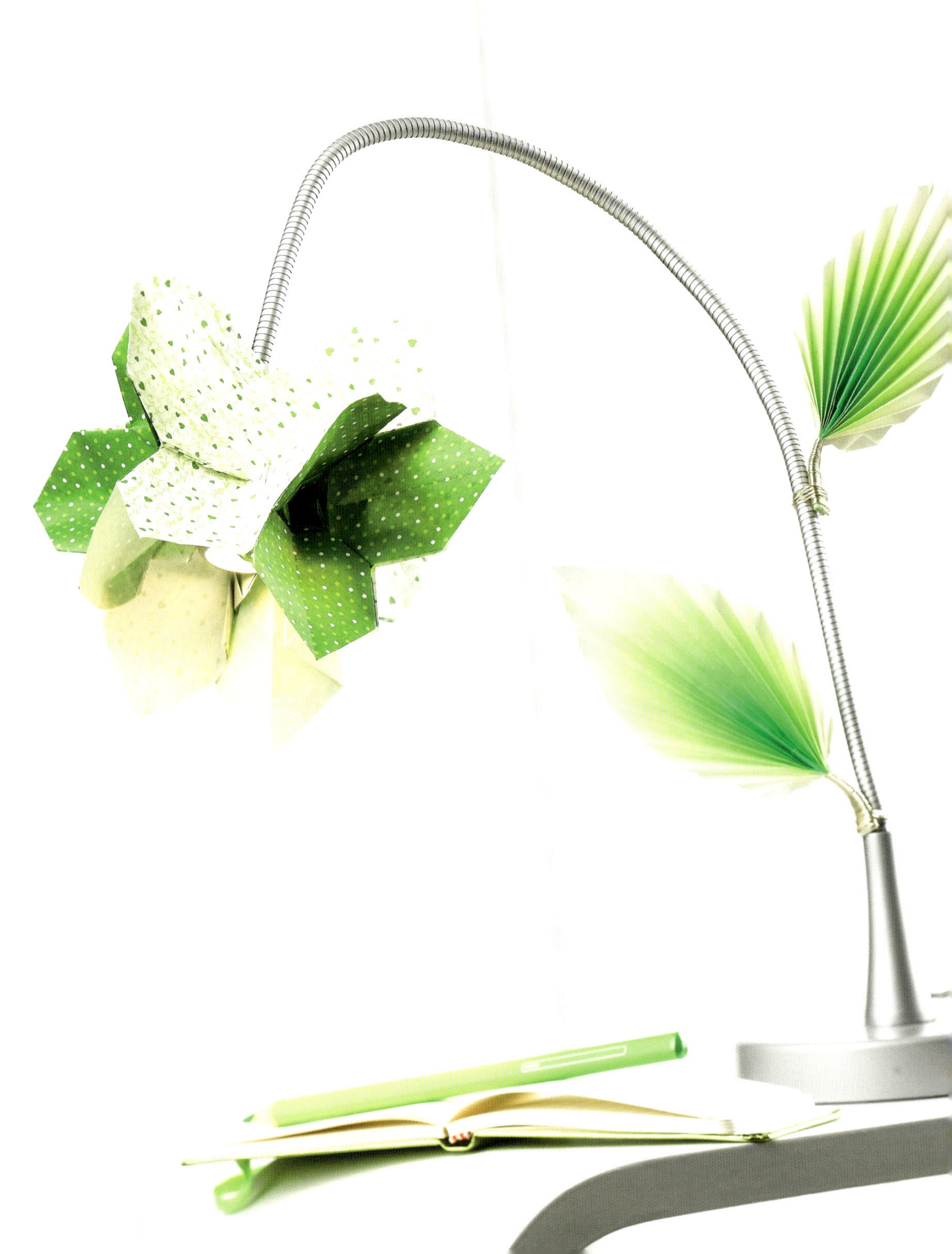

# Kamelien-Lampenschirm

blumiger Lichtblick

**DURCHMESSER**
ca. 20 cm

**MATERIAL**
* LED-Schreibtischlampe
* 9 Faltblätter in Weiß-Grün (Rückseite Grün-Weiß), 15 cm x 15 cm
* 2 Faltblätter in Grün-Weiß mit Farbverlauf, 15 cm x 15 cm (für die Fächerblätter)
* Holzwäscheklammern

**FALTSKIZZEN**
Vorlagenheft Seite V 10/11 und V 3–6

## Kamelienblüten falten

1 Falten Sie die neun Faltblätter wie in der Anleitung auf Seite 14 (Vorlagenheft Seite V 10/11) beschrieben bis Schritt 27.

2 Falten Sie nun wie abgebildet das obere linke Blütenblatt in der Mitte zusammen. Dabei das obere rechte auf das linke Blütenblatt falten.

3 Fixieren Sie die Blütenblätter mit etwas Klebstoff aufeinander.

## Kamelienblüten zum Lampenschirm zusammensetzen

1 Kleben Sie zunächst sechs Blüten im farblichen Wechsel Schritt für Schritt wie im Vorlagenheft abgebildet zu einem Ring zusammen. Dazu auf die Rückseite eines Blütenblattes etwas Klebstoff auftragen, das zweite Blütenblatt dagegen legen und die Klebestelle mit einer Wäscheklammer so lange fixieren, bis der Klebstoff getrocknet ist.

2 a+b Nun die dritte Blüte ergänzen.

3 Wiederholen Sie die Schritte 1–2 auch für die anderen drei Blüten ...

4 a+b ... und setzen Sie beide Teile an den verbliebenen Stellen zusammen.

5 Stellen Sie den Sechserring nun auf den Kopf ...

6 a–c ... und fixieren Sie die übrig gebliebenen drei Blüten mit jeweils zwei Blütenblättern am Sechserring.

7 Zum Schluss auch diese drei Blüten aneinander fixieren.

**Hinweis:** Achten Sie darauf, dass Ihre Lampe eine LED-Leuchte hat. So können Sie sie bedenkenlos brennen lassen.

Weiter geht es auf Seite 8.

## Fächerblatt falten

Falten Sie nun noch die zwei Blätter und binden Sie sie wie abgebildet mit Draht an die Lampe. Je nach Lampenart und Belieben können Sie auch mehr als zwei Fächerblätter an der Lampe anbringen.

**1** Legen Sie das Papier wie abgebildet vor sich auf den Tisch. Talfalten Sie die linke Kante auf die untere Kante und falten Sie sie wieder auf.

**2** Die rechte Kante auf die untere Kante talfalten und wieder auffalten.

**3** Falten Sie die obere rechte Ecke und die untere linke Ecke auf die Mitte und falten Sie sie wieder auf.

**4** Das Papier wenden.

**5** Talfalten Sie die vier diagonalen Faltungen immer mittig zu den schon vorhandenen. Wenden Sie das Papier danach.

**6** Falten Sie alle Faltungen aus Schritt 5 um, d.h. aus Bergfalten werden Talfalten. Wenden Sie das Papier wieder.

**7** Talfalten Sie die acht diagonalen Faltungen immer mittig zu den schon vorhandenen. Das Papier wenden.

**8** Alle Faltungen aus Schritt 7 umfalten, d.h. aus Bergfalten werden Talfalten. Danach das Papier wenden.

**9** Talfalten Sie die 16 diagonalen Faltungen immer mittig zu den schon vorhandenen.

**10–11** Falten Sie nun die obere rechte Ecke und die untere linke Ecke als Fächer zur Mitte hin.

**12** Den Fächer wenden.

**13** Talfalten Sie die untere linke Ecke nach oben rechts, sodass fünf farbige Vierecke zu sehen sind.

**14** Drehen Sie den Fächer waagerecht vor sich.

**15** Nun die komplette obere Seite auf die untere Seite talfalten.

**16–17** Halten Sie die rechte Seite zusammengedrückt und ziehen Sie das Blatt vorsichtig auseinander.

**18–19** Halten Sie das Blatt mit dem Draht fest und wickeln Sie ihn spiralförmig um das Blattende.

**20** Die Blätter mit dem Drahtende an der Lampe festwickeln.

**Mein Tipp für Sie**

**Vereinfachung** Für ganz einfache Fächerblätter lassen Sie die Schritte 8–10 aus.

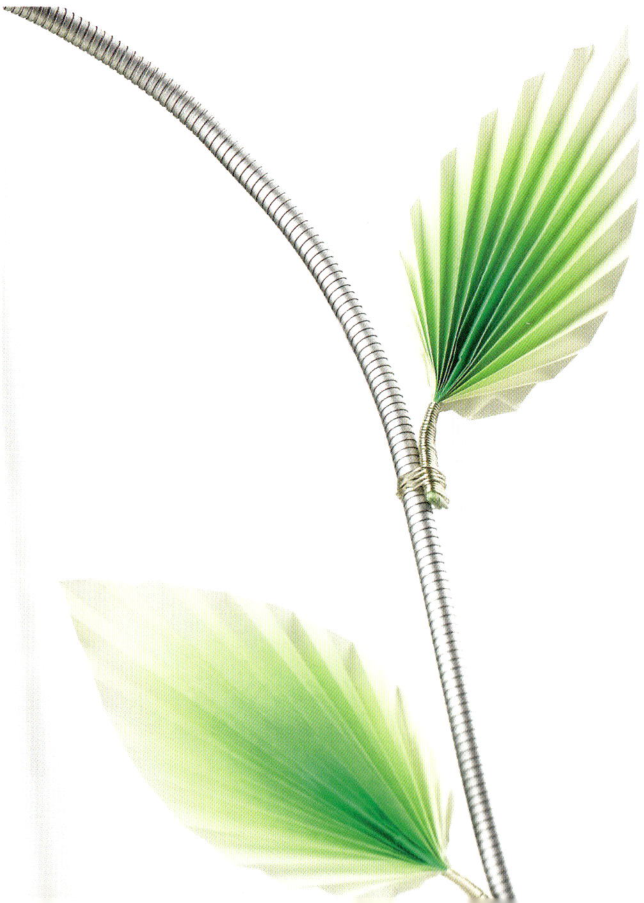

# Gepunkteter Lilienstrauß

gefaltet aus einem Fünfeck

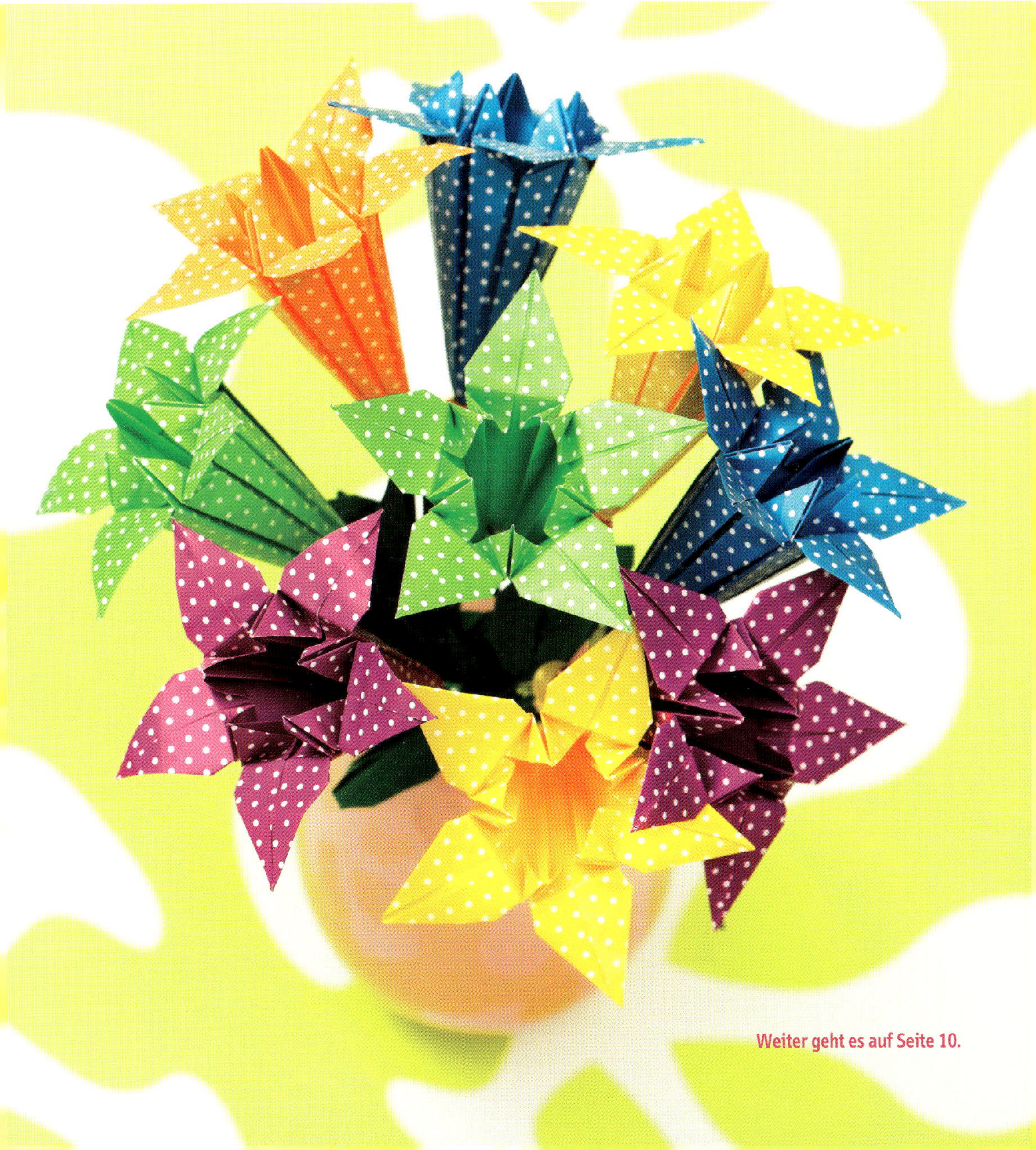

Weiter geht es auf Seite 10.

**DURCHMESSER**
ca. 10 cm

**MATERIAL**
**PRO BLÜTE**

* Faltblatt mit Punkten in einer beliebigen Farbe, 15 cm x 15 cm
* 2 Faltblätter in Grün, 5 cm x 5 cm
* Holzperle, ca. ø 8 mm
* Holzperlen in verschiedenen Farben, ca. ø 8 mm
* Draht in Grün, ca. ø 2 mm und ca. ø 0,5 mm
* Schmuckkleber

**FALTSKIZZEN**
Umschlagklappe, Grundfaltung Fünfeck
Vorlagenheft Seite V 7–8 und V 21

## Lilie falten

**1** Erstellen Sie ein Fünfeck anhand der Anleitung „Grundfaltung Fünfeck" auf der Umschlagklappe. Kehren Sie die Faltungen aus der „Grundfaltung Fünfeck" um, und zwar immer eine Tal- und eine Bergfalte im Wechsel.

**2** Falten Sie das Blatt zu einem Dreieck zusammen. Beachten Sie, dass die farbige Seite der Lilie außen ist und die untere offene Kante eine waagerechte Linie bildet.

**3** Die schräge Kante der rechten oberen Papierlage auf die Mitte talfalten.

**4** Falten Sie Schritt 3 wieder zurück.

**5–6** Die rechte obere Lage nun auseinanderfalten. Drücken Sie dazu die Ecke A nach unten. Beachten Sie die Berg- und Talfalten in der Abbildung.

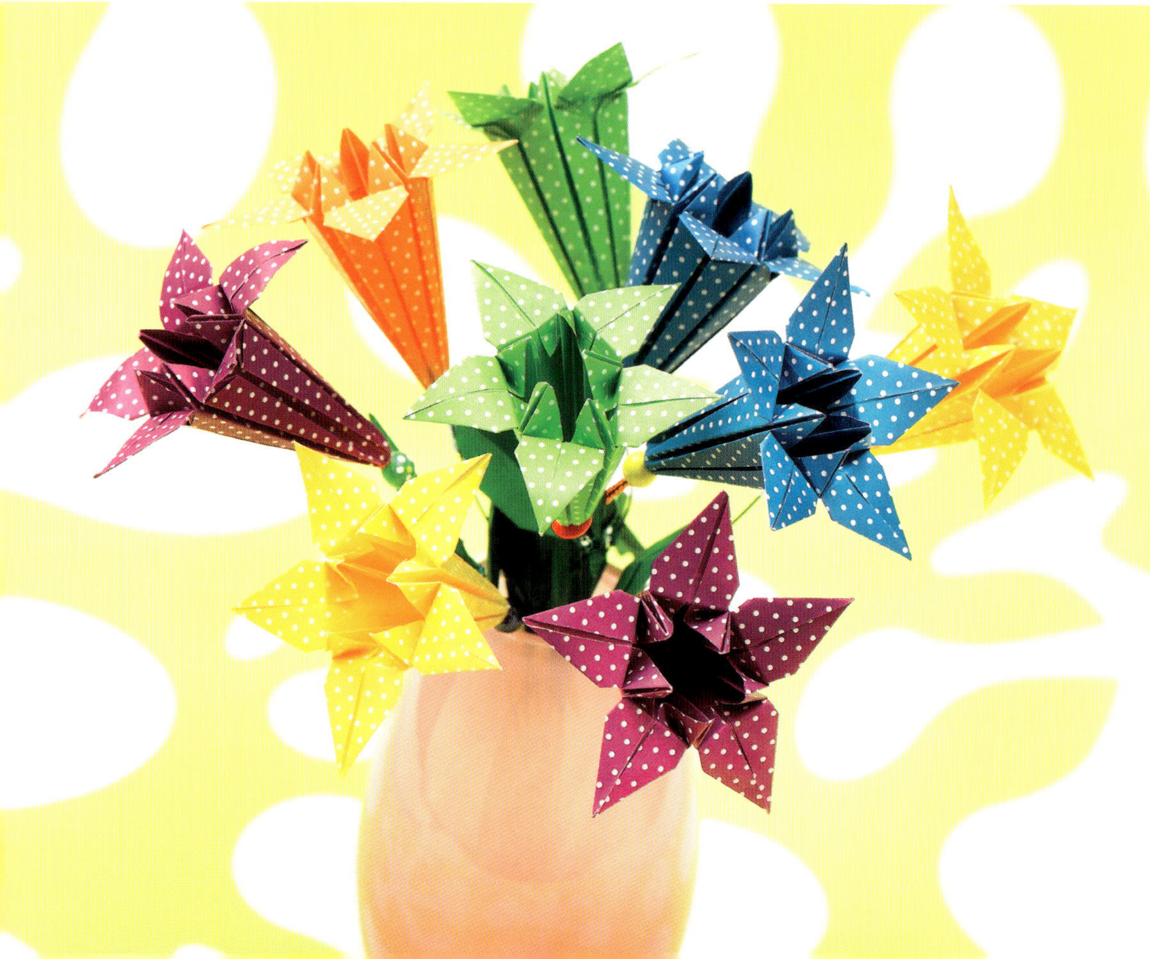

**7** Die Schritte 3–6 bei den anderen vier Lagen wiederholen.

**8** Falten Sie eine obere Lage von der rechten auf die linke Seite und falten Sie eine untere Lage von der linken auf die rechte Seite.

**9** Die unteren beiden schrägen Kanten auf die Mitte falten und diese wieder auffalten.

**10** Die Schritte 8–9 bei den anderen vier Lagen wiederholen.

**11** Falten Sie eine obere Lage von der linken auf die rechte Seite und eine untere Lage von der rechten auf die linke Seite.

**12–14** Falten Sie die Spitze A der oberen Papierlage mittels einer Talfalte nach oben. Drücken Sie dabei die Ecken B und C leicht ein, sodass sie sich in der Mitte als Kante treffen.

**15** Talfalten Sie die Spitze wieder nach unten.

**16** Zwei obere Lagen von der rechten Seite auf die linke Seite und zwei untere Lagen von der linken Seite auf die rechte Seite falten.

**17** Die Schritte 12–16 bei den anderen vier Lagen wiederholen.

**18** Talfalten Sie die linke und rechte Kante der oberen Lage auf die Mitte.

**19** Falten Sie zwei obere Lagen von der rechten auf die linke Seite und zwei untere Lagen von der linken auf die rechte Seite.

**20** Die Schritte 18–19 mit den anderen vier Lagen wiederholen.

**21** Wenden Sie die Lilie, die breite Spitze zeigt jetzt nach oben.

**22–23** Falten Sie alle fünf Blätter auseinander und bringen Sie die Lilie in Form.

## Lilie ausarbeiten

**1** Für eine Blume eine Lilie und zwei Blätter (siehe „Blätter falten“ Seite 28 und Vorlagenheft Seite V 21) falten.

**2** Für den Blumenstiel knipsen Sie von dem dickeren grünen Draht ca. 30 cm ab. Auf das eine Ende des Drahtes die Holzperle für die innere Befestigung auffädeln und dort entweder durch eine Schlaufe oder mit Klebstoff fixieren.

**3** Stecken Sie nun das andere Ende des Drahtes von oben durch die Lilie und fädeln Sie von unten eine bunte Perle (ø 1–2 mm) auf. Diese an der Lilie fixieren und die Blüte zum Trocknen nach unten halten.

**4–5** Ein ca. 15 cm langes Drahtstück in die gefaltete Mittelrippe des Blattes kleben und wie abgebildet um den Draht wickeln.

**6** Die Blätter anschließend mit dem Drahtende am Blumenstiel befestigen.

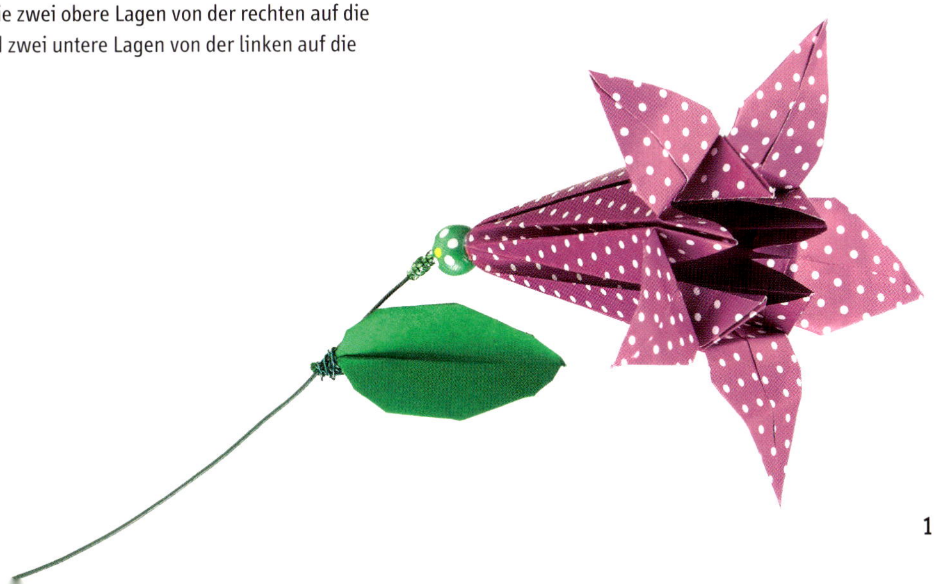

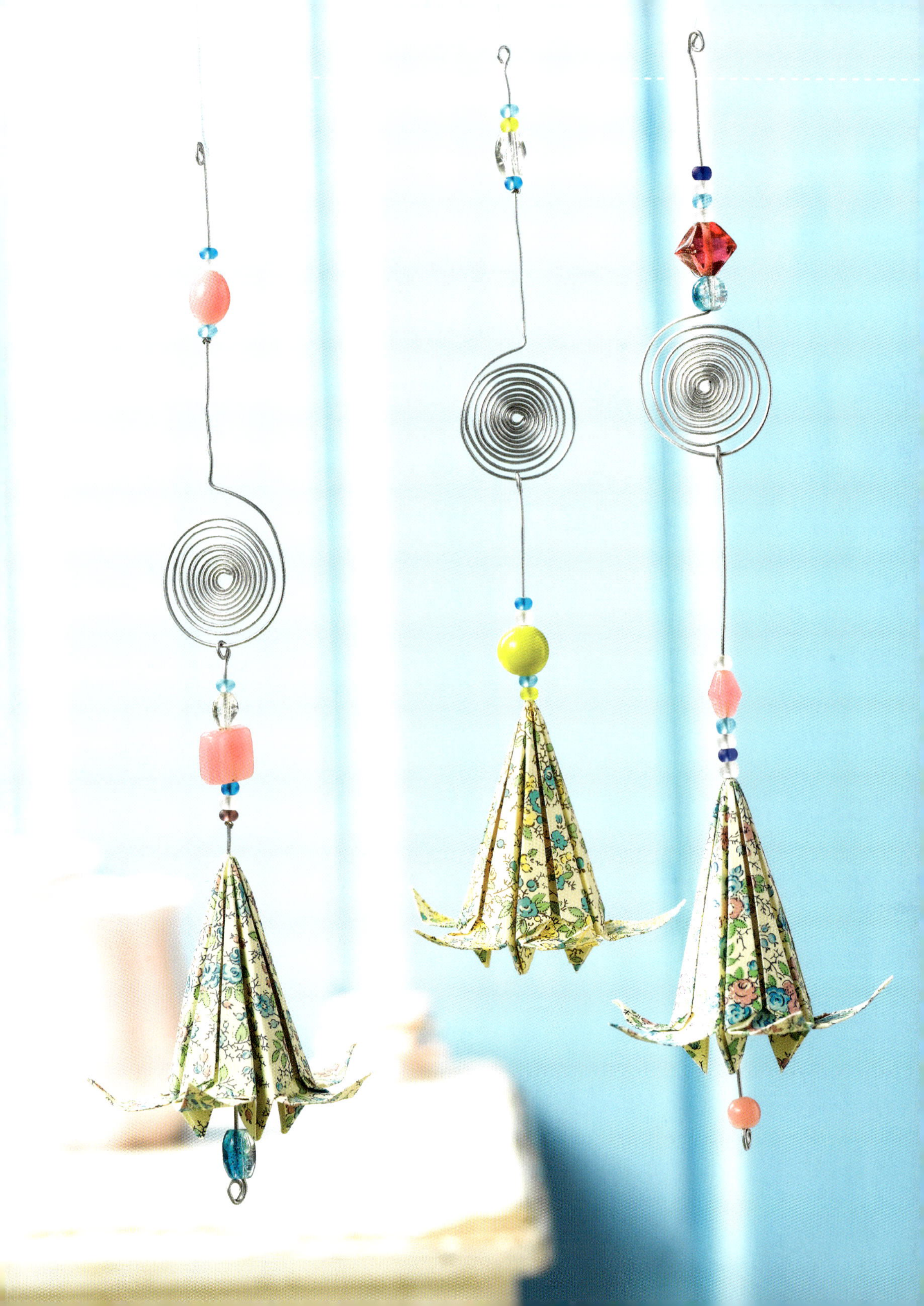

# Hängende Lilien

## bezaubernde Wohnraumdeko

**MOTIVLÄNGE**
ca. 25 cm

**MATERIAL PRO BLÜTE**

* Faltblatt in Beige mit Blümchenmuster, 15 cm x 15 cm
* Aludraht, ca. ø 2 mm, ca. 1 m lang
* Glasperlen und Rocailles in verschiedenen Farben und Formen, Lochung ca. ø 2–3 mm, ca. 0,5–1 cm lang
* evtl. 2–3 Quetschkalotten, Lochung ca. ø 2–3 mm
* Nylonschnur
* UHU Patafix oder Schmuckkleber

**FALTSKIZZEN**
Vorlagenheft Seite V 7–9

**1** Falten Sie eine Lilie nach der Anleitung auf Seite 10/11.

**2** Danach arbeiten Sie die Drahtaufhängung. Diese besteht aus zwei Teilen – einer Drahtschnecke und einer Blütenhalterung. Für die Blütenhalterung knipsen Sie vom Aludraht ca. 20 cm ab. Das eine Ende des Drahtes mit der Rundzange halten und ein bis zwei Umdrehungen eindrehen. Auf das andere Ende der Blütenhalterung nun ein paar bunte Perlen passend zum gewählten Papier aufstecken und gegebenenfalls mit Klebstoff oder einer Quetschkalotte (diese nach einer Perle auffädeln, anpassen und mit der Flachzange zusammendrücken) fixieren. Nun wird die gefaltete Lilie aufgesteckt und mit einer Perle befestigt. Wenn die Perle und die Lilie aufgesteckt sind, das andere Ende ebenfalls mit der Rundzange halten und zwei bis drei Umdrehungen eindrehen.

**3** Für die Drahtschnecke knipsen Sie vom Aludraht ca. 60 cm ab. Das Ende des Drahtes mit der Rundzange halten und eindrehen (siehe Abbildungen 1–3 im Vorlagenheft). Nach einer Umdrehung die Öse mit der Flachzange festhalten, während die andere Hand den Draht immer ein Stück weiter wickelt. Nach jeder halben Umdrehung muss die Flachzange wieder umgreifen. Dadurch vergrößert sich die Schnecke gleichmäßig. Die fertige Schnecke hat einen Durchmesser von ca. 3 cm. Sie kann aber auch größer oder kleiner gedreht werden.

**4** Das Ende der Schnecke nun mit der Flachzange rechtwinklig abbiegen. Jetzt wird die Öse der Blütenhalterung aufgesteckt und ein Stück durch die Drahtschnecke gezogen. Danach noch weitere bunte Perlen aufstecken. Das Ende ebenfalls mit der Rundzange halten und zwei bis drei Umdrehungen eindrehen.

# Flache Kamelienblüten

## verschönern jedes Geschenk

DURCHMESSER
ca. 12,5 cm

MATERIAL
* 3 Faltblätter in Blau-Braun (Rückseite Blau), 15 cm x 15 cm
* 2 Faltblätter in Orange mit weißen Blüten, 7,5 cm x 7,5 cm
* Faltblatt in Blau mit weißen Blüten, 15 cm x 15 cm
* Motivstanzer: Blüte, ø 2,5 cm

FALTSKIZZEN
Vorlagenheft Seite V 10/11

### Kamelienblüte falten

**1** Talfalten Sie die rechte und die linke Kante auf die untere Kante. Falten Sie die Faltungen wieder auf und wenden Sie das Papier.

**2** Talfalten Sie die untere Kante auf die obere und talfalten Sie die linke auf die rechte Kante. Entfalten Sie das Papier wieder.

**3–4** Nun die drei Ecken A, B und D wie abgebildet auf die Ecke C falten.

**5** Nun die obere Lage vom Papier auf die obere rechte Ecke falten. Es entsteht eine Markierungsfaltung.

**6** Falten Sie die obere rechte Ecke auf die Mitte und falten Sie sie wieder auf.

**7** Die obere rechte Ecke auf die vorhergehende Faltung aus Schritt 6 falten. Entfalten Sie die Faltung wieder.

**8** Entfalten Sie nun alle Faltungen wieder.

**9** Die Faltungen aus Faltschritt 6 als Talfaltungen und die Faltungen aus Schritt 7 als Bergfaltungen umfalten.

**10** Wiederholen Sie die Schritte 3–4.

**11** Drehen Sie das Objekt wie abgebildet mit der geöffneten Spitze nach unten.

**12–13** Drücken Sie die Spitze ein, ziehen Sie sie vorher allerdings auseinander.

**14** Wie abgebildet die obere linke Lage auf die rechte Seite falten. Die Kanten verlaufen parallel und die Ecke trifft die Markierungsfaltung aus Faltschritt 5.

**15** Falten Sie die Faltung aus Schritt 14 wieder auf.

**16** Falten Sie die linke Ecke auf die Faltung von Schritt 14 und die rechte Ecke auf die Markierungsfaltung.

**17** Die obere linke Papierlage auf die rechte Seite und die untere rechte Papierlage auf die linke Seite legen.

**18** Wiederholen Sie die Schritte 14–17 mit den drei anderen Lagen.

Weiter geht es auf Seite 16.

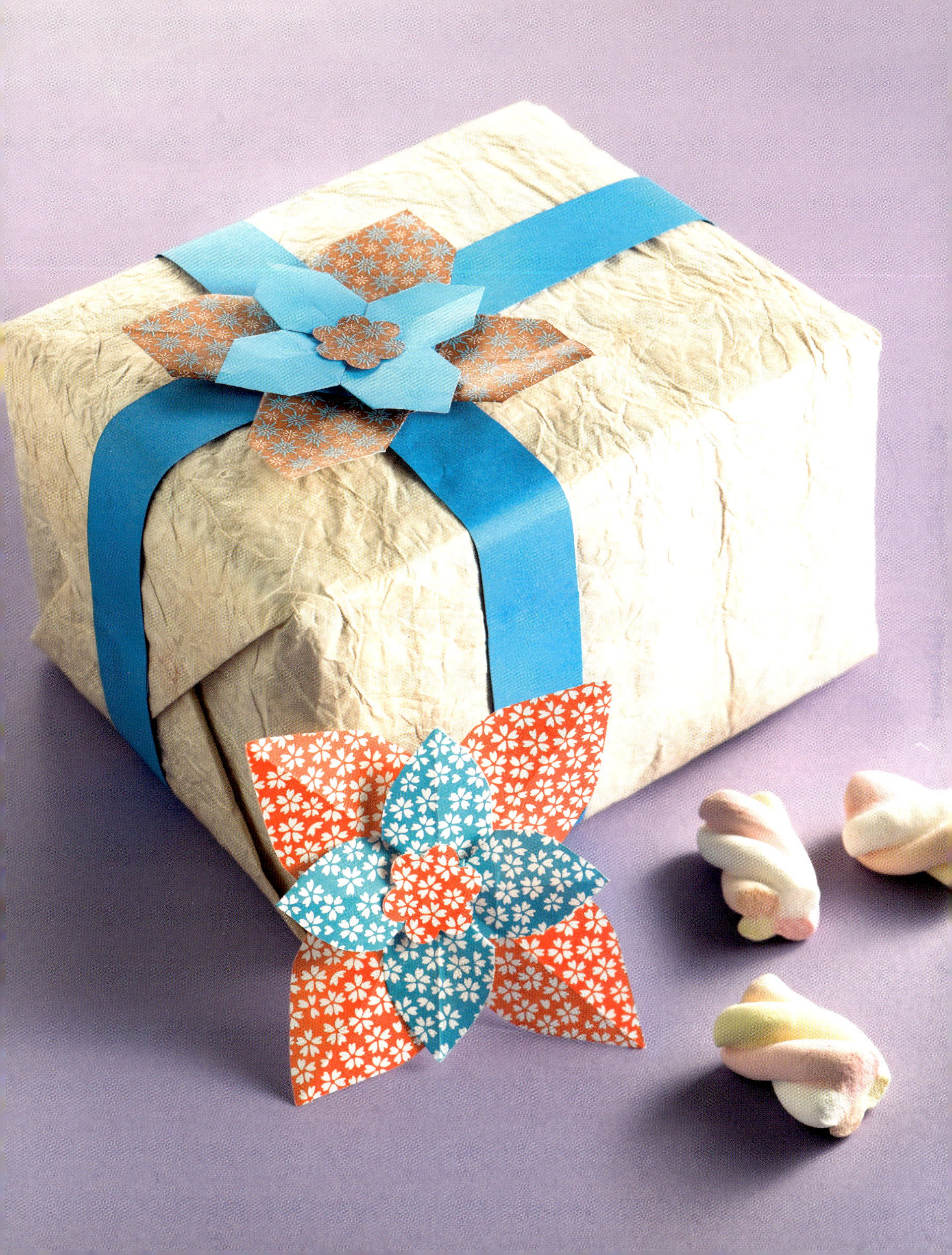

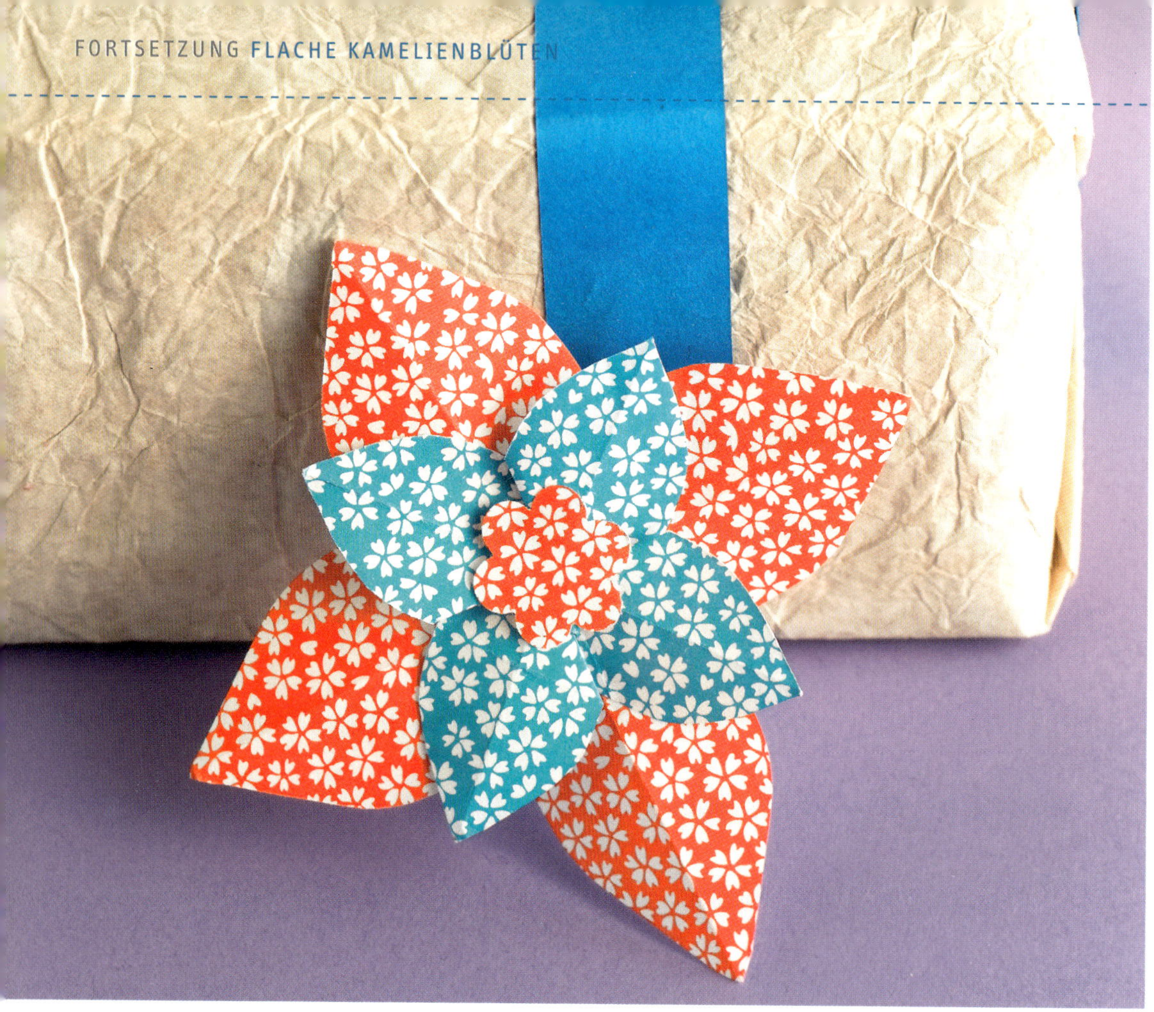

**19** Stellen Sie die obere linke Papierlage und die untere rechte so auf, dass sich, von oben gesehen, ein Stern bildet.

**20** Klappen Sie die vorderen und hinteren Papierlagen um und ziehen Sie dabei die linke und rechte Seite hoch (siehe auch Abbildung 21). Die Punkte B und C befinden sich hinter den Punkten F und G.

**21–22** Die hintere Papierlage wie abgebildet nach oben falten. Die Punkte B und C befinden sich in Schritt 20 hinter den Punkten F und G.

**23** Bergfalten Sie die Ecke wie abgebildet nach innen zurück.

**24** Talfalten Sie nun erst die rechte und dann die linke Faltung. Es bildet sich ein Dreieck.

**25** Die Schritte 23–24 mit den drei anderen Lagen wiederholen.

**26** Die Blüte wenden.

**27** So sieht die fertige eckige Blüte aus.

**28** Die Blütenblätter können jetzt noch abgerundet werden, indem Sie die Spitzen nach hinten bergfalten.

**29** So sieht die fertige Blüte mit abgerundeten Ecken aus.

## Blüten fertigstellen

Kleben Sie die unterschiedlich großen Blüten versetzt aufeinander und ergänzen Sie zum Schluss eine ausgestanzte Blüte als Blütenmitte. Fertig!

# Kelchblüten-Lichterkette

Seite 2

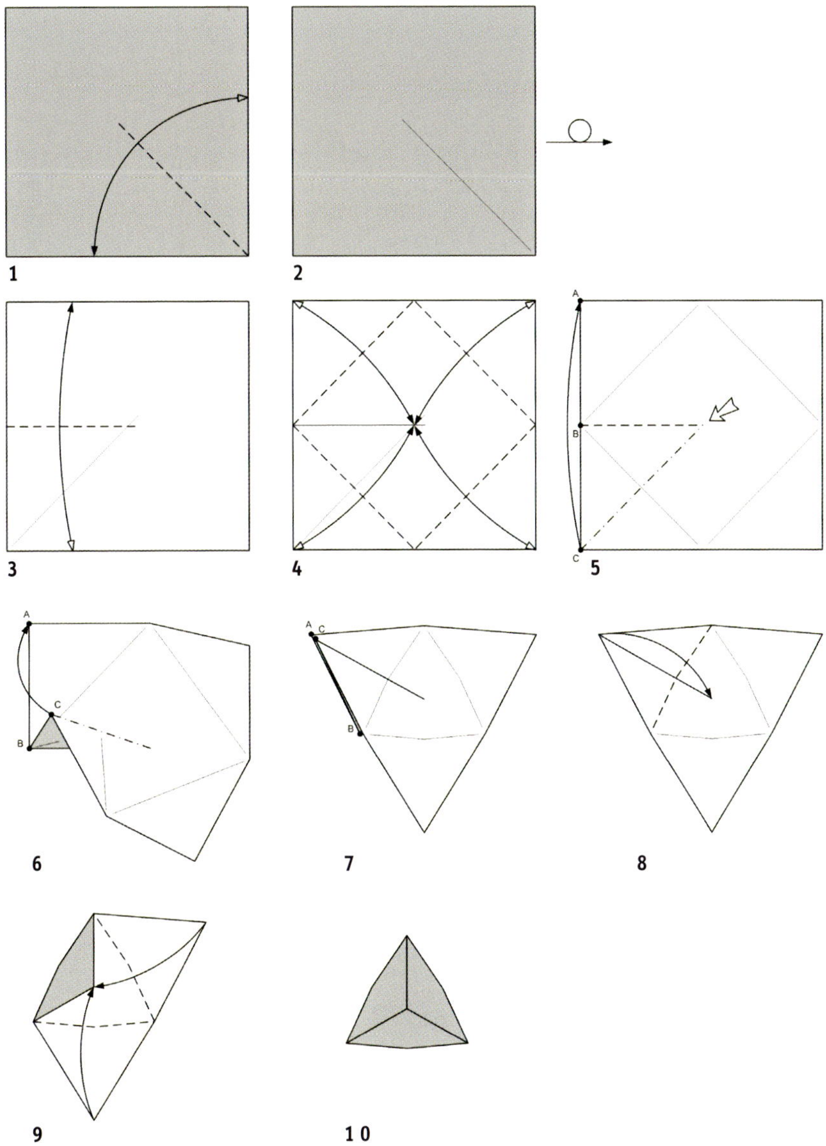

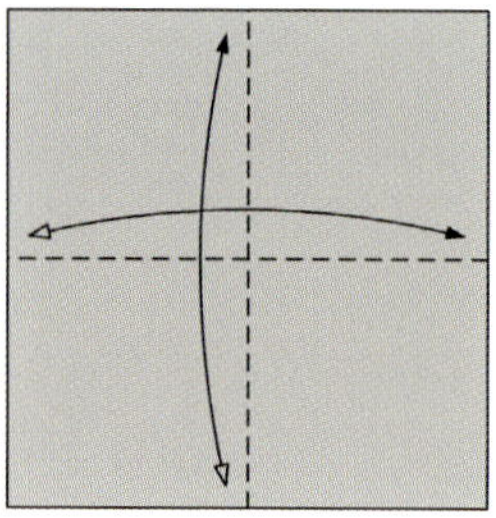

1

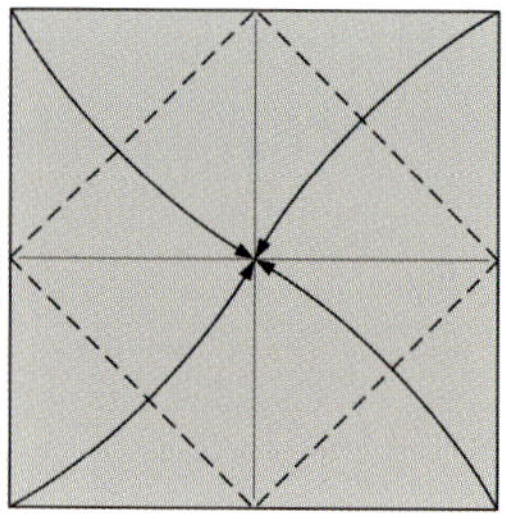

2

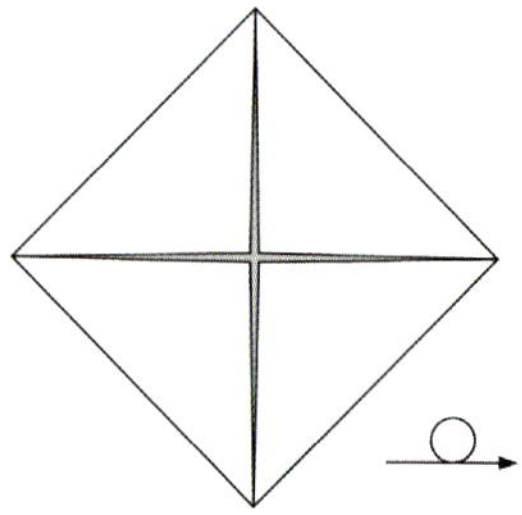

3

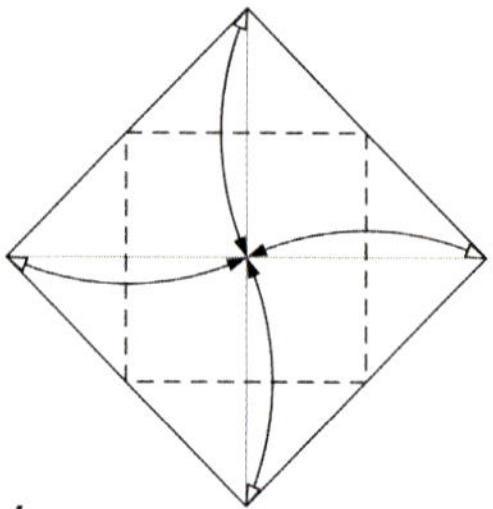

4

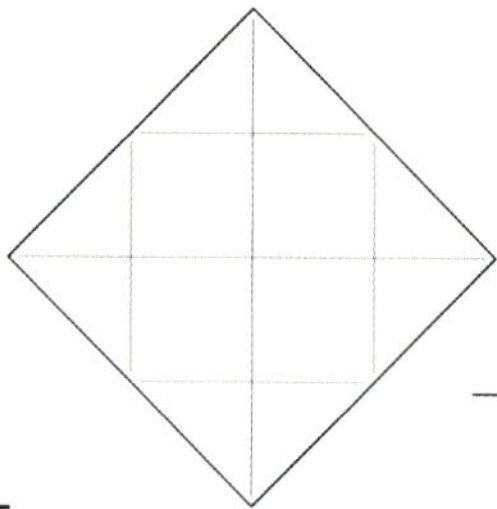

5

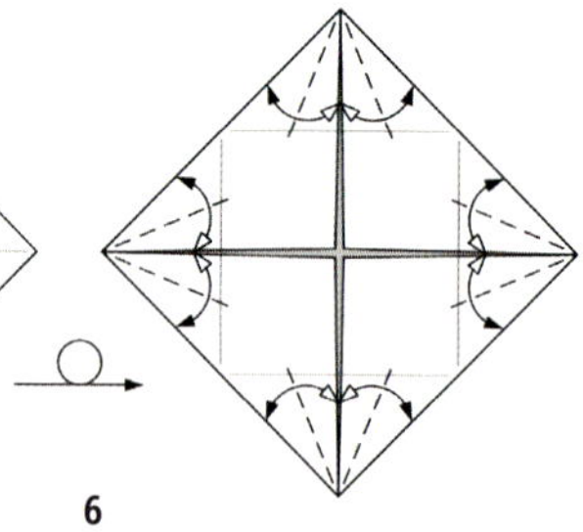

6

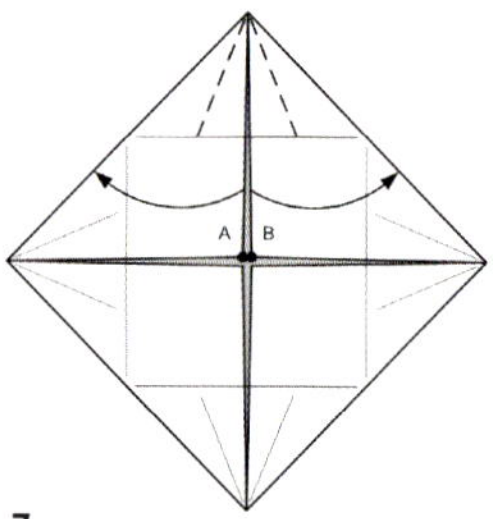


7

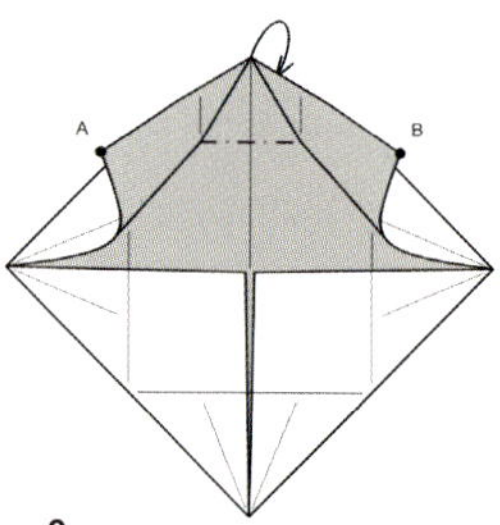


8

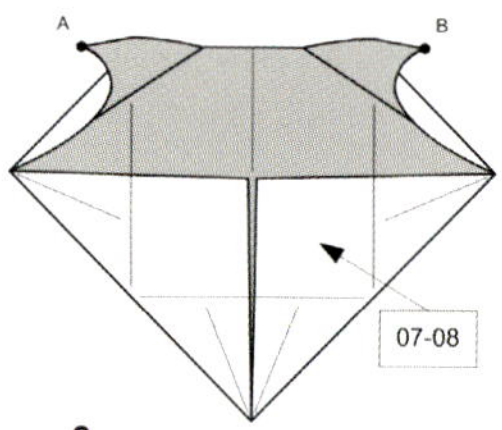


9

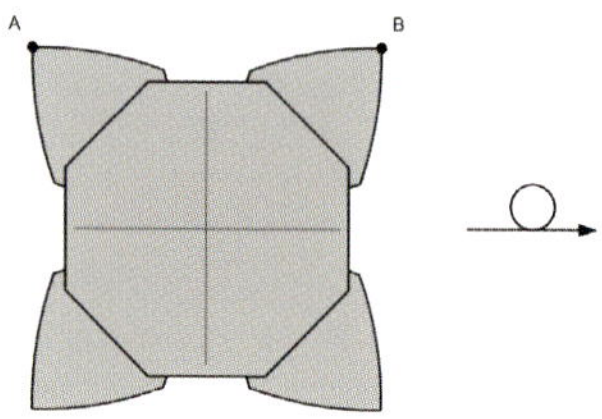


10

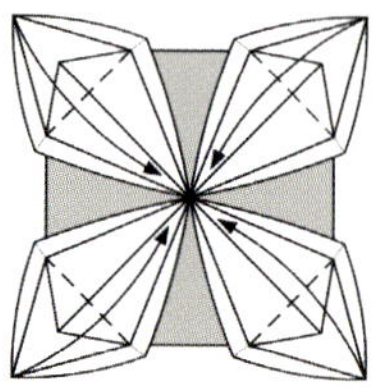

11

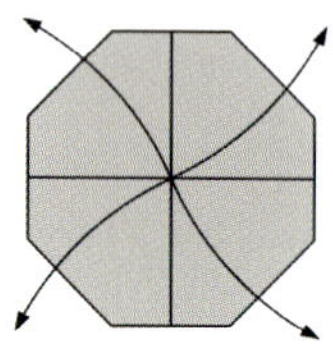

12

## Seerosenzauber

Seite 4

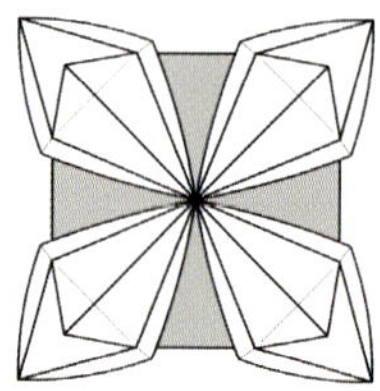

13

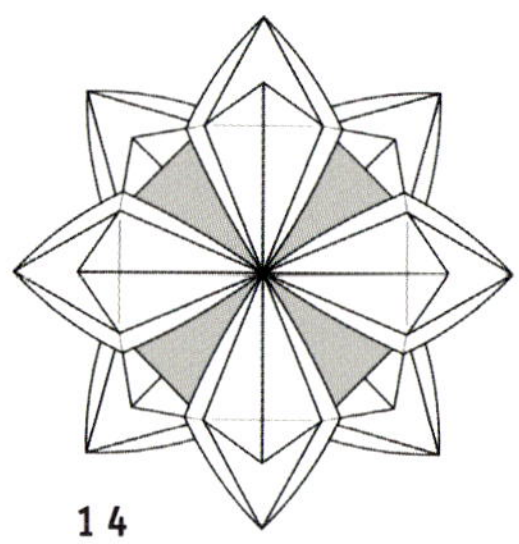

14

# Kamelien-Lampen-schirm

Seite 6

## Kamelienblüten falten

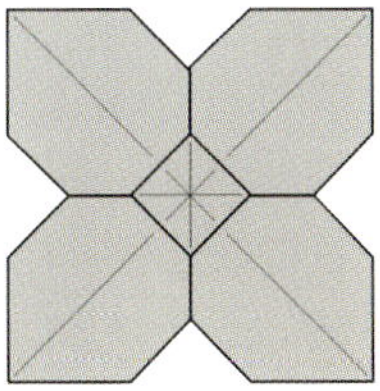

1

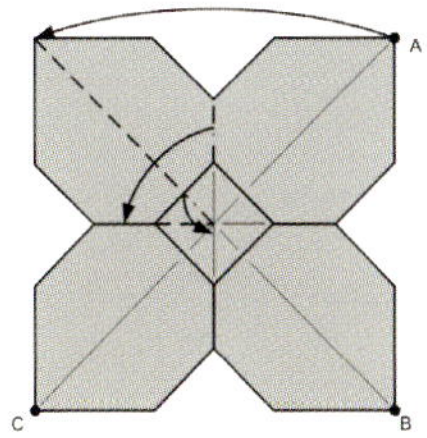


2

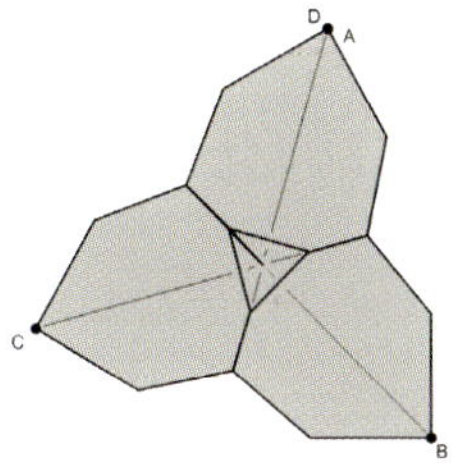


3

## Kamelienblüten zum Lampenschirm zusammensetzen

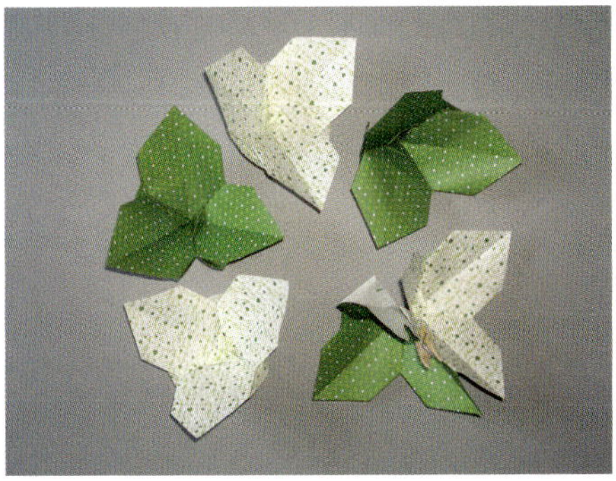

1

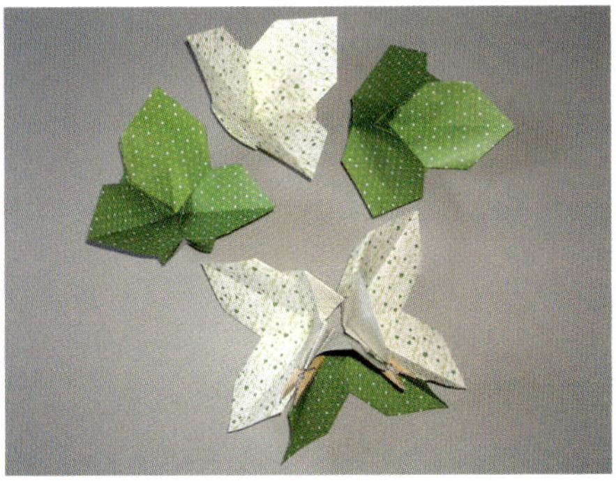

2 a

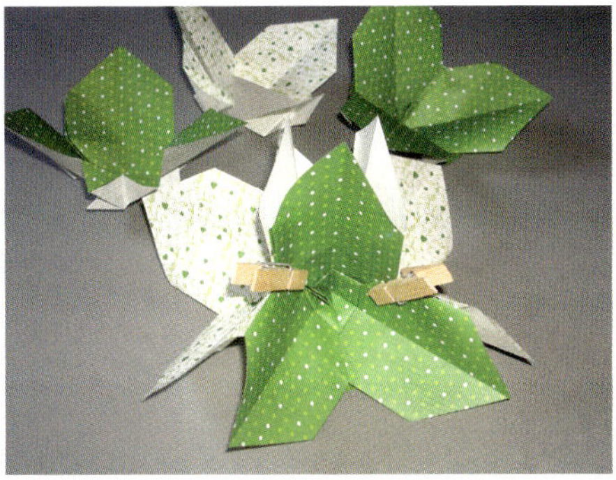

2 b

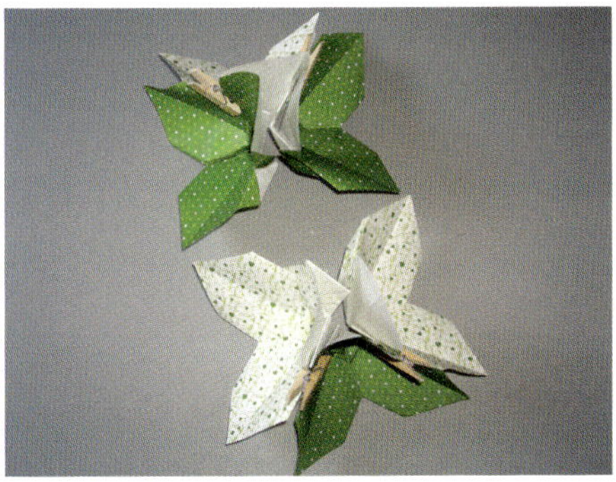

3

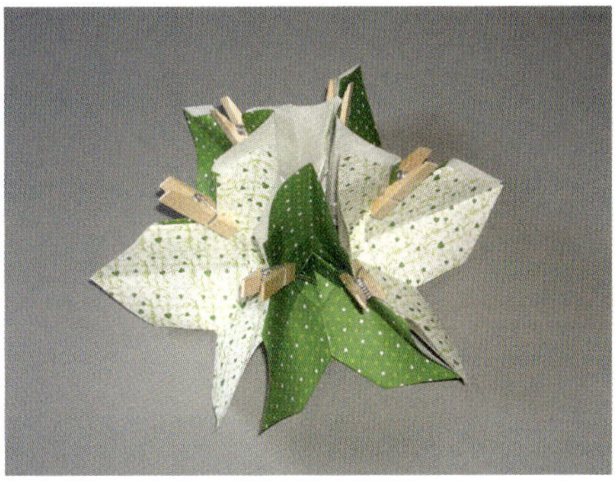

4 a

Weiter geht es auf Seite 4.

## Kamelienblüten zum Lampenschirm zusammensetzen

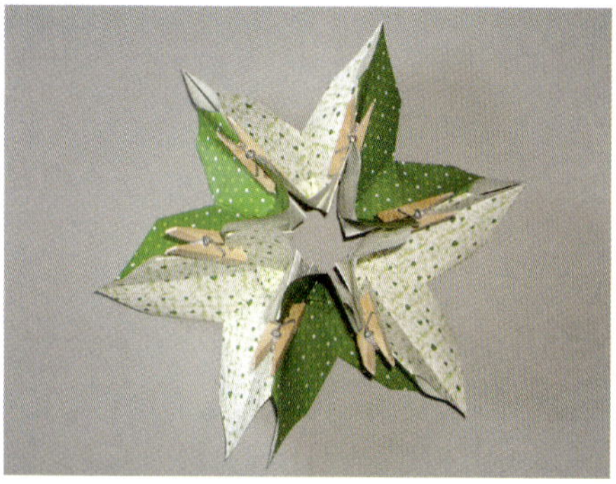

4 b

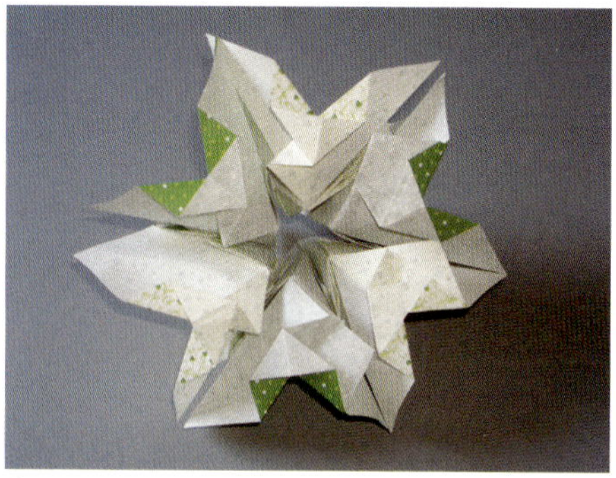

5

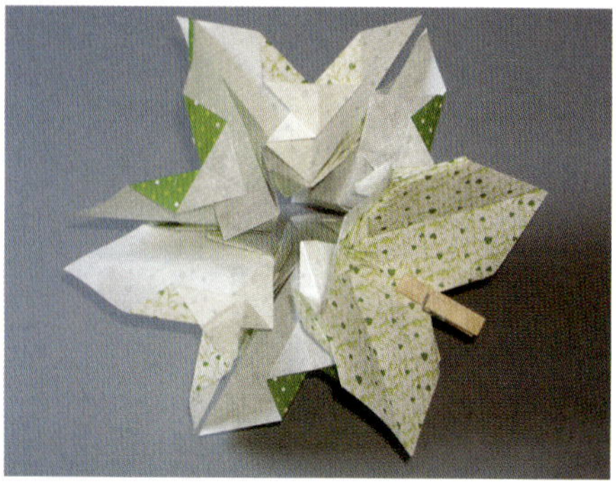

6 a

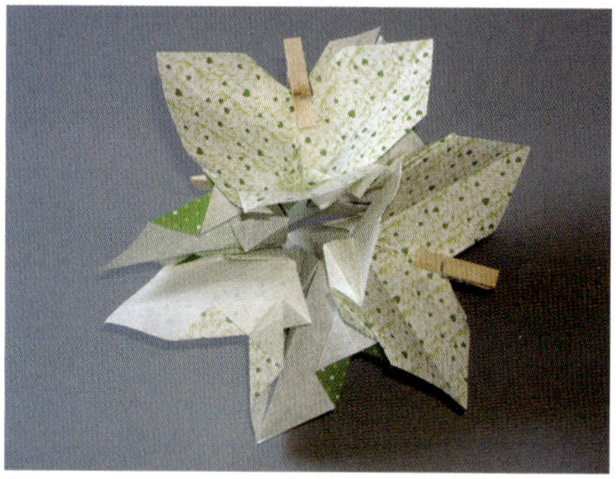

6 b

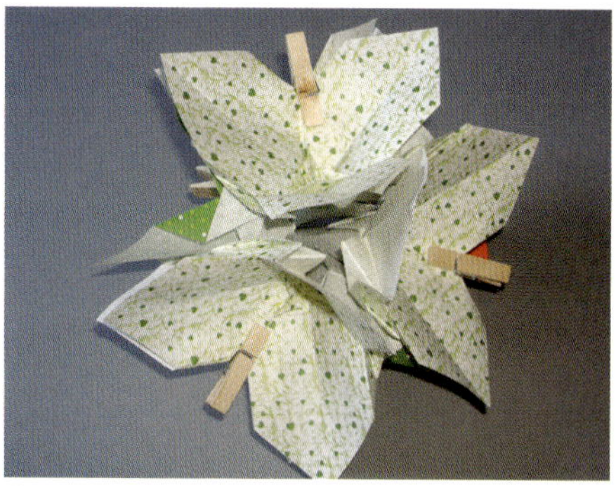

6 c

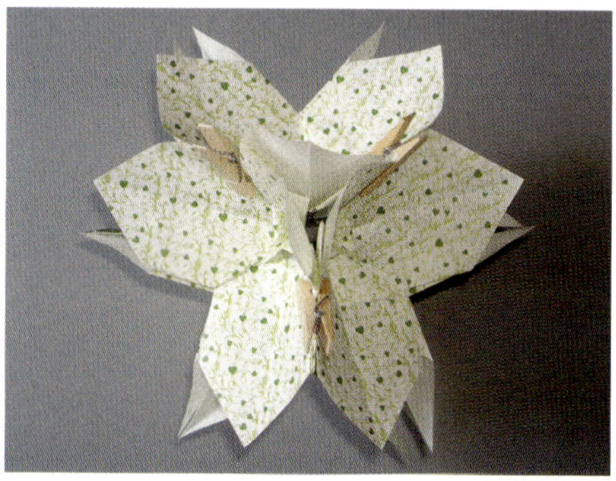

7

Weiter geht es auf Seite 5.

## Fächerblatt falten

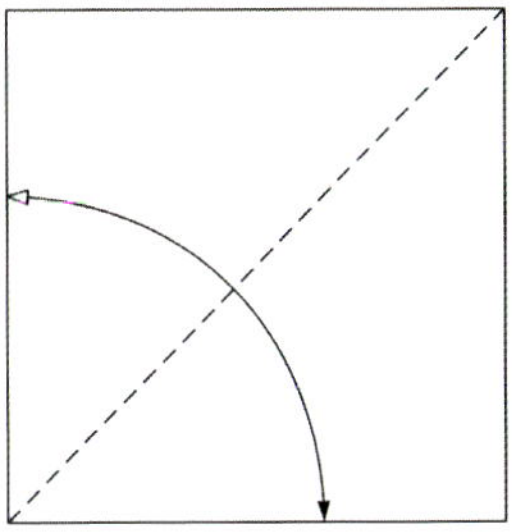

1

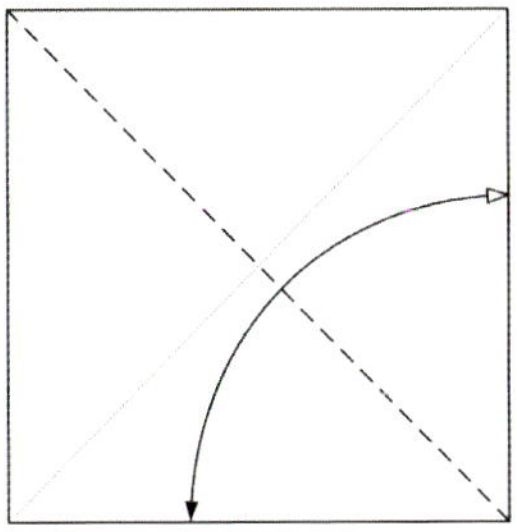

2

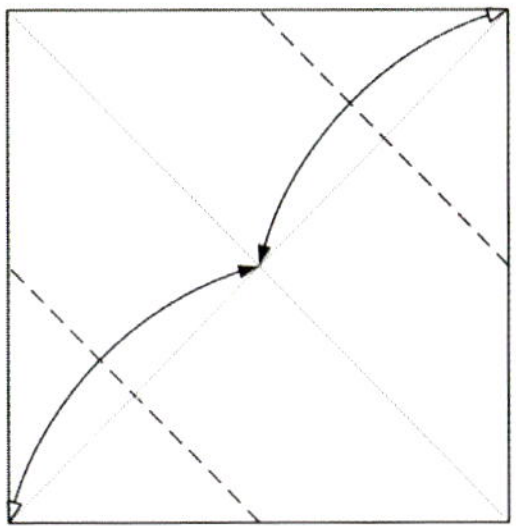

3

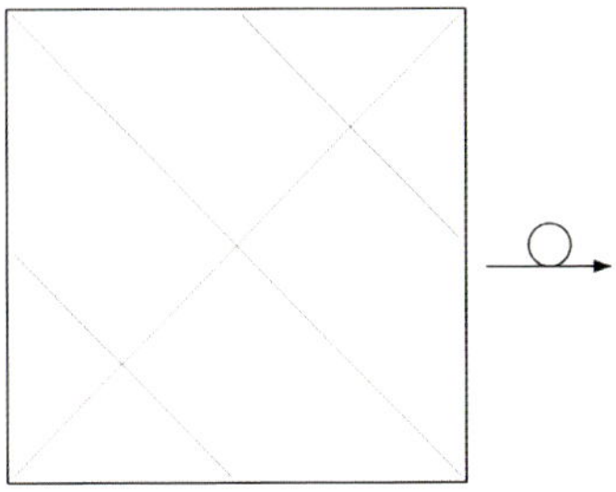

4

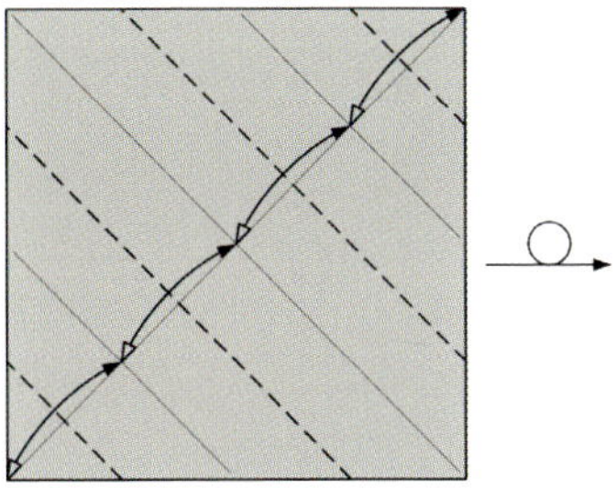

5

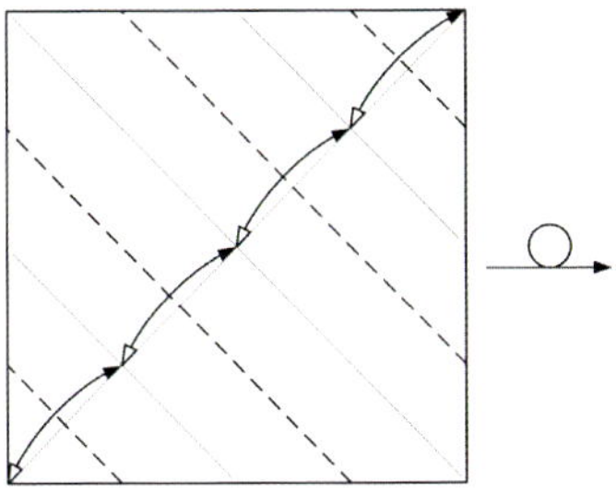

6

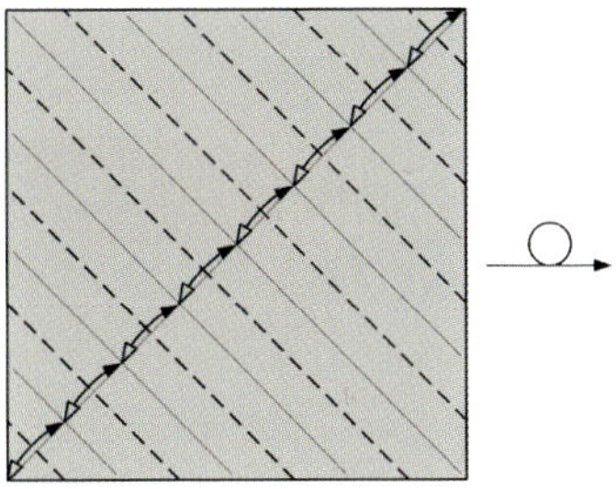

7

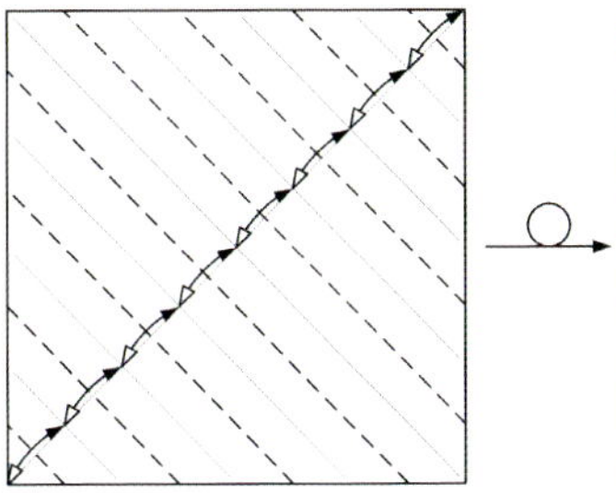

8

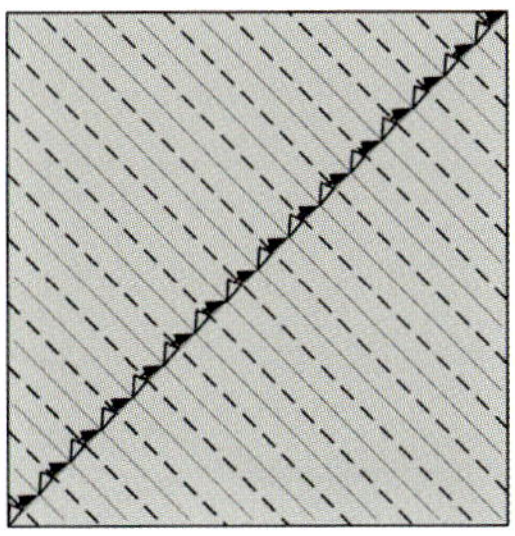

9

Weiter geht es auf Seite 6.

## Fächerblatt falten

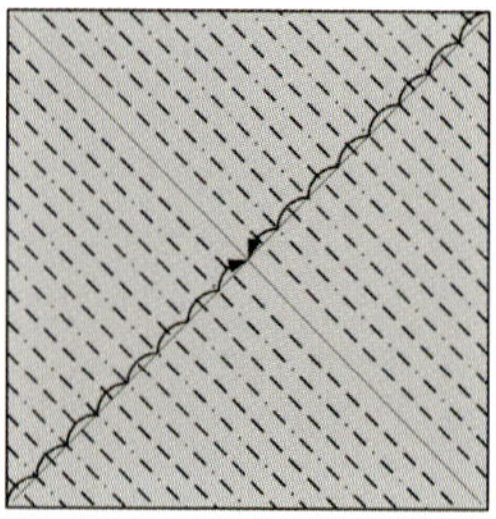

10

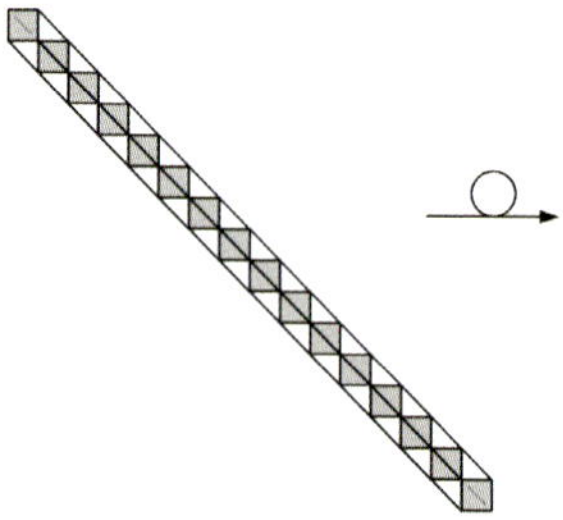

11

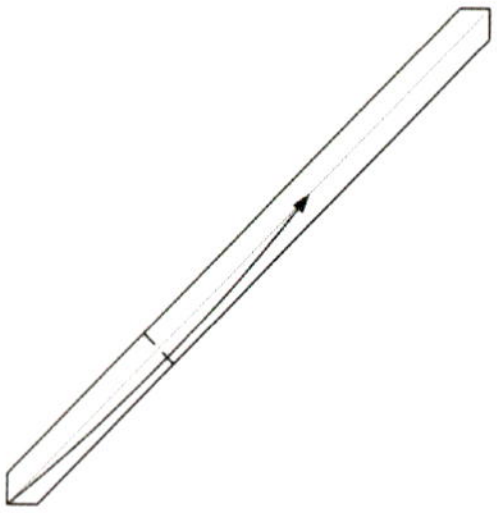

12

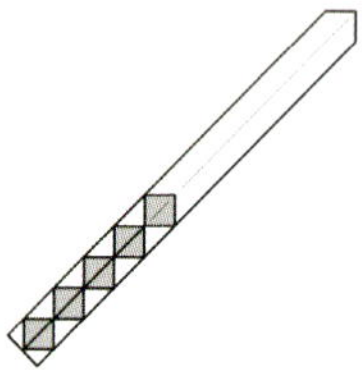

13

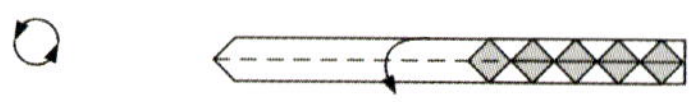

14

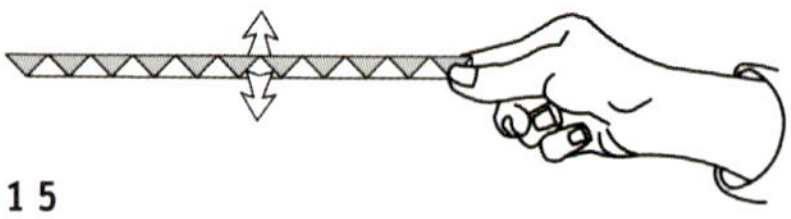

15

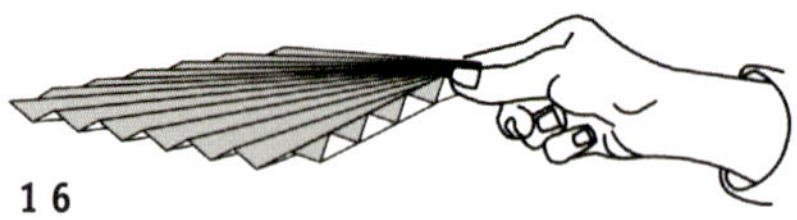

16

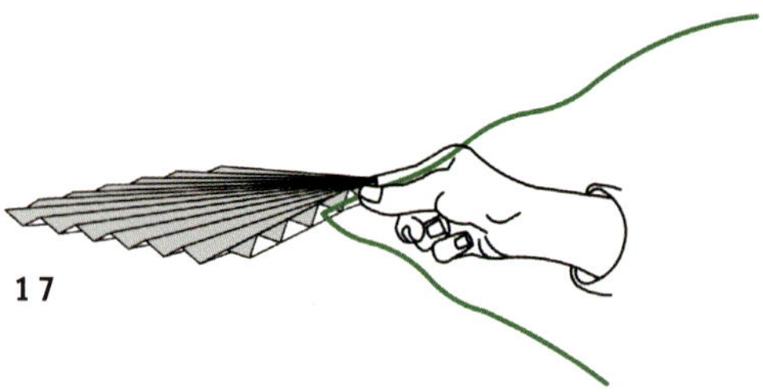

17

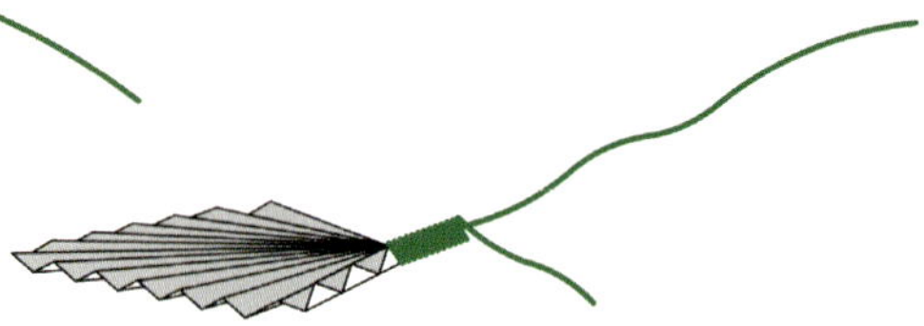

18

## Gepunkteter Lilienstrauß

Seite 9

## Hängende Lilien

Seite 12

### Lilie falten

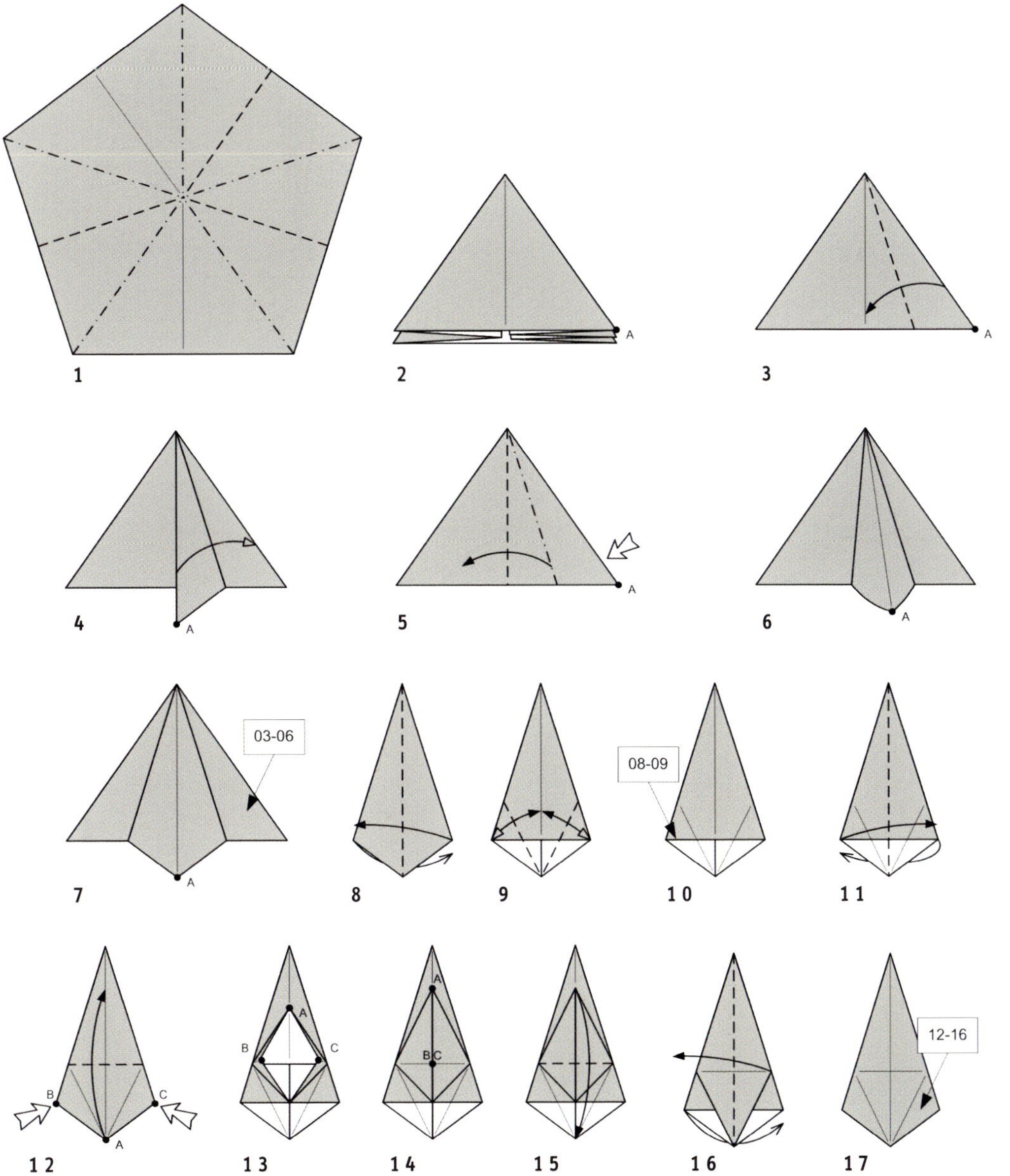


Weiter geht es auf Seite 8.

## Gepunkteter Lilienstrauß

Seite 9

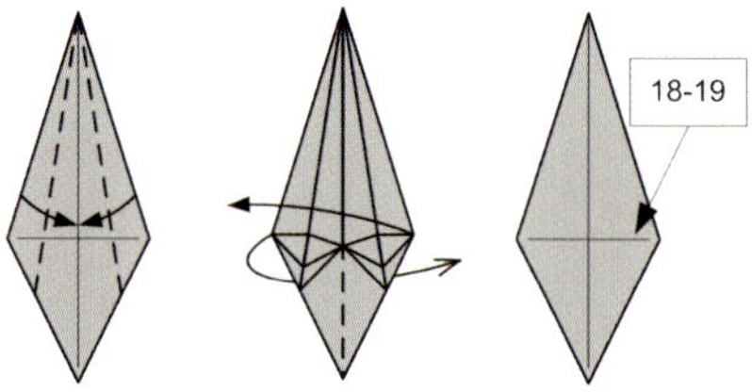


18 19 20

## Hängende Lilien

Seite 12

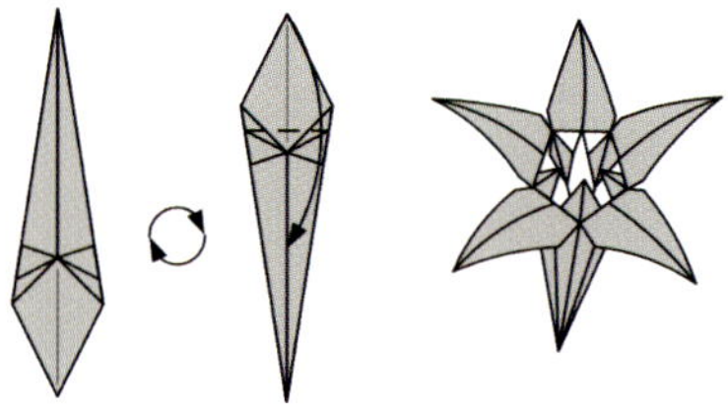

21 22 23

### Lilie ausarbeiten
### Draht an Blätter anbringen

Seite 9

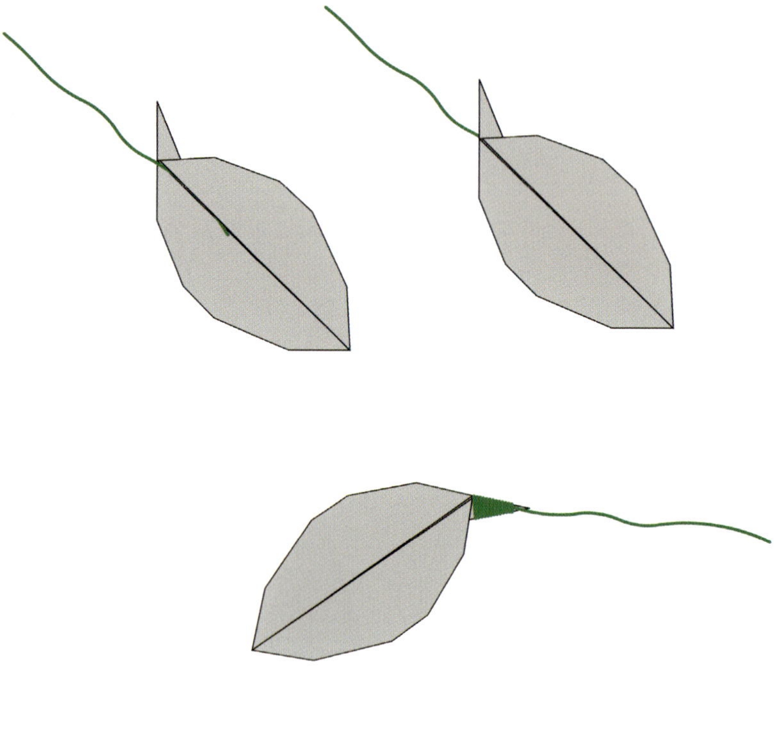

Weiter geht es auf Seite 9.

## Drahtschnecke anfertigen

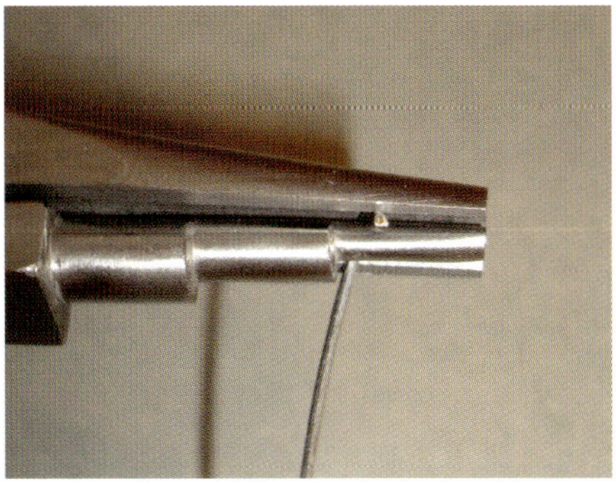

1

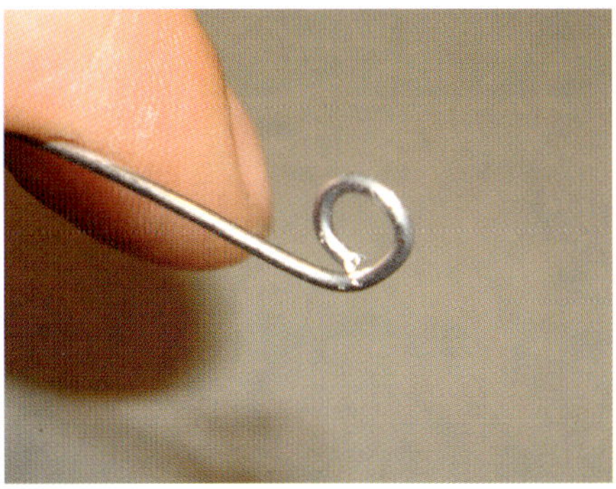

2

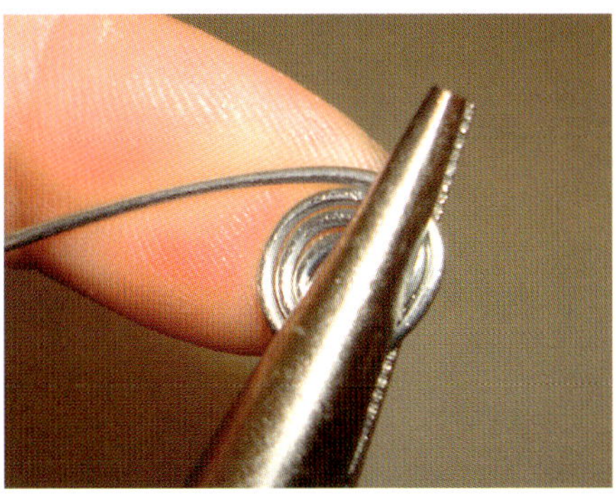

3

# Flache Kamelienblüten

Seite 14

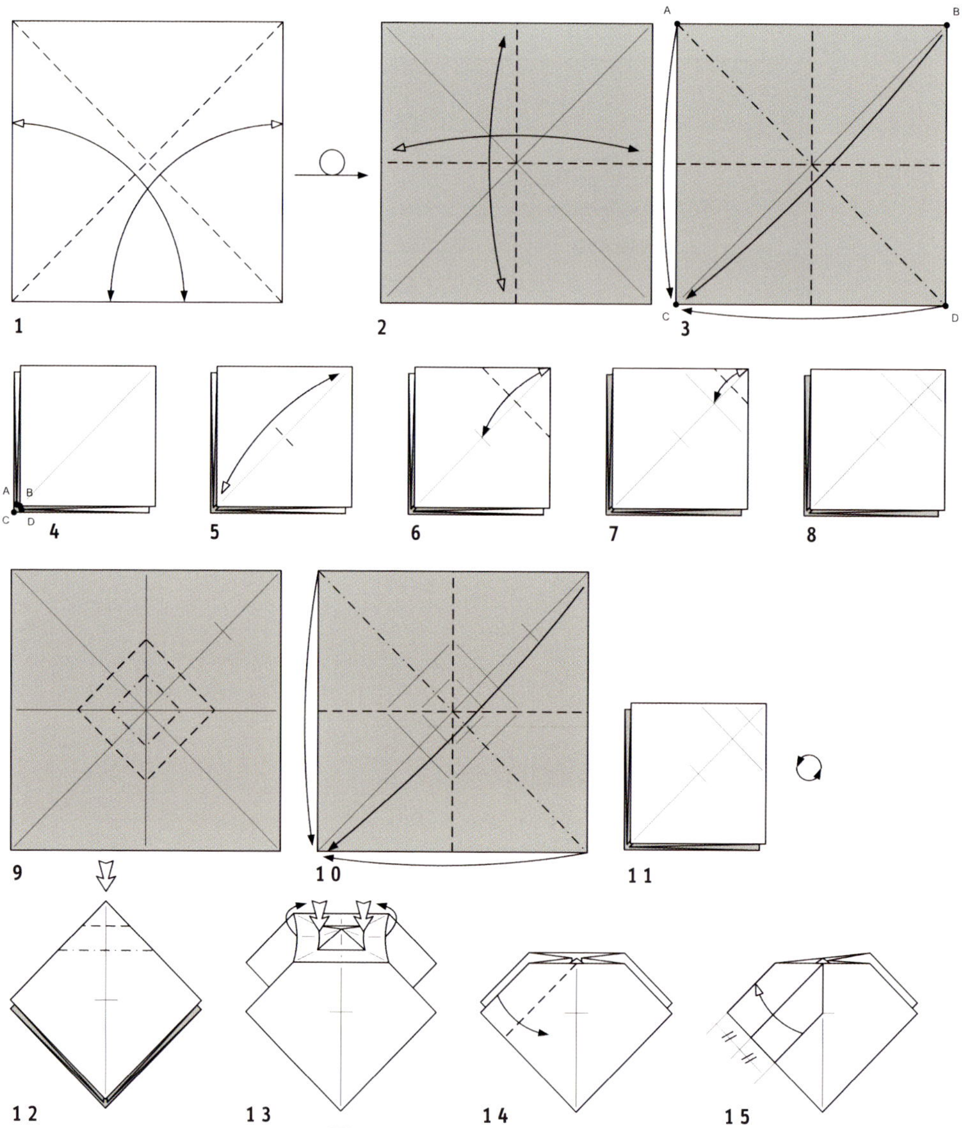


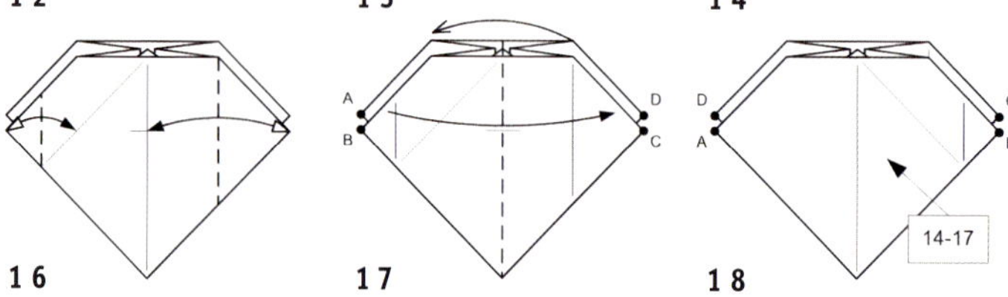


Weiter geht es auf Seite 11.

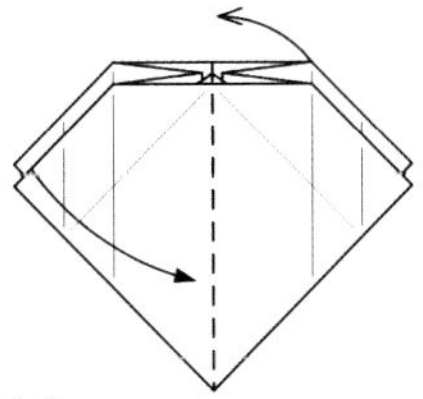

19

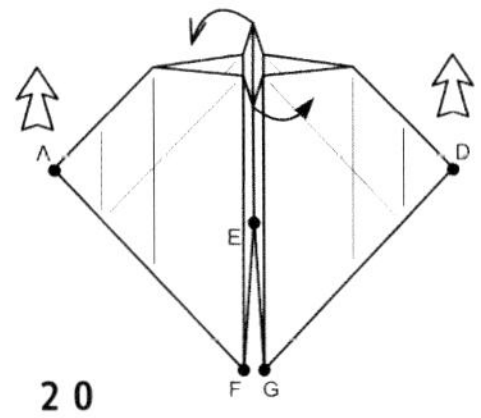


20

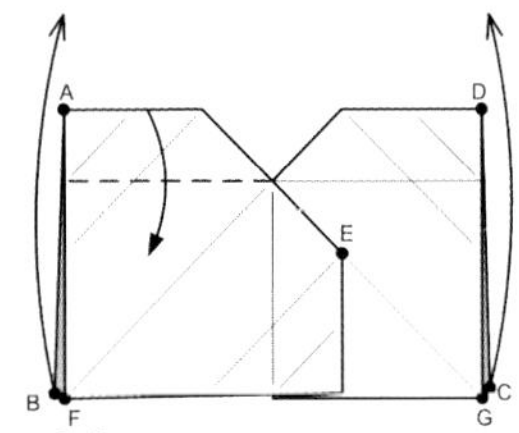


21

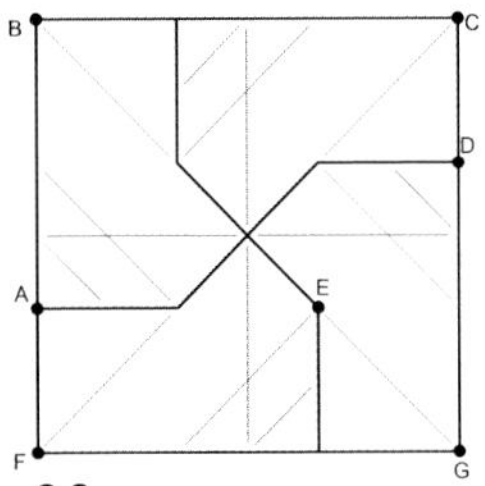


22

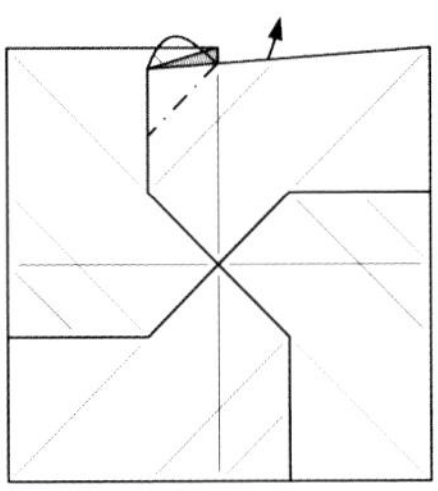

23

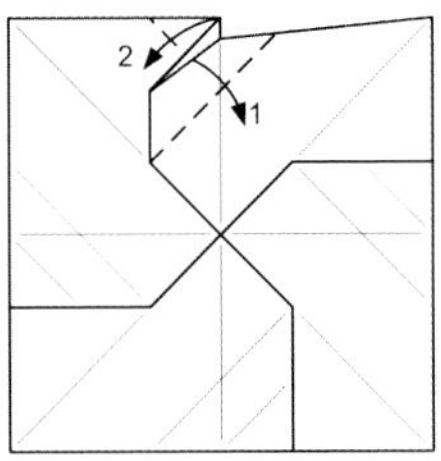


24

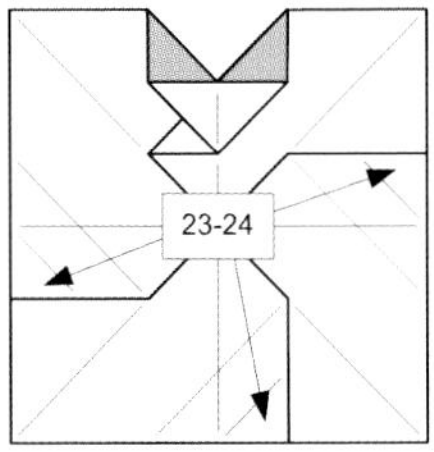


25

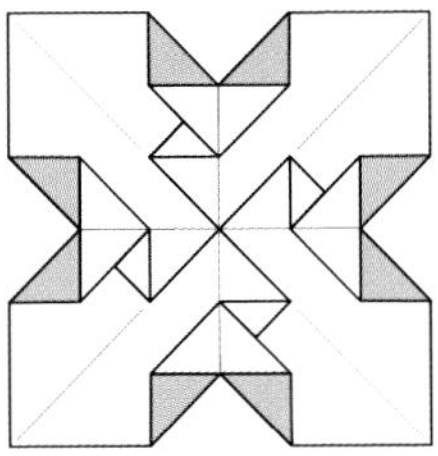

26

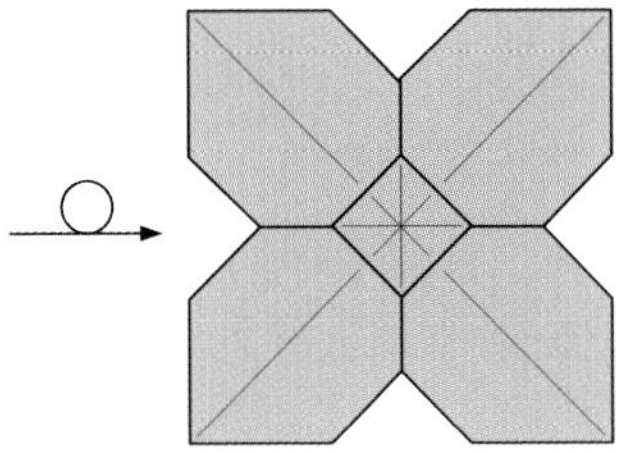

27

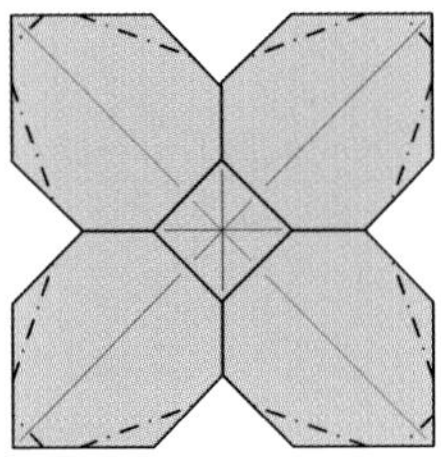

28

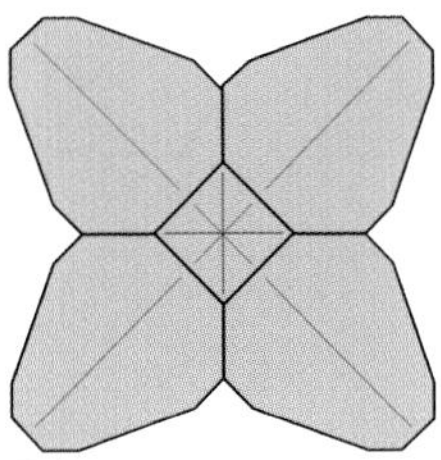

29

# Zauberhafte Noniablüten

Seite 17

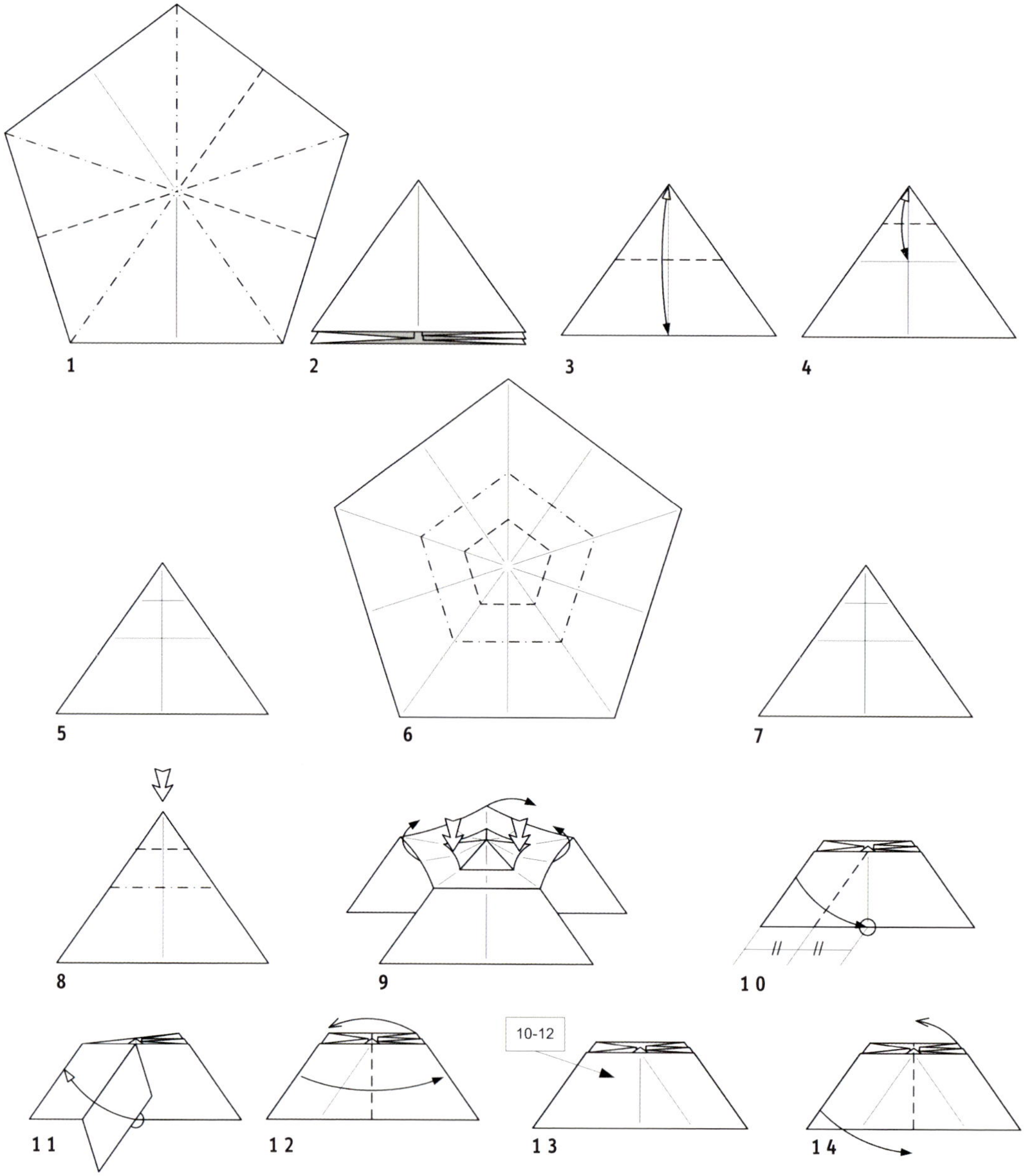


Weiter geht es auf Seite 13.

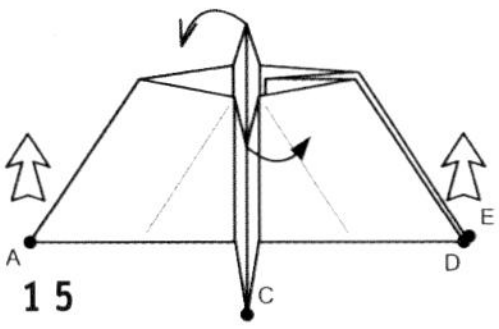


15

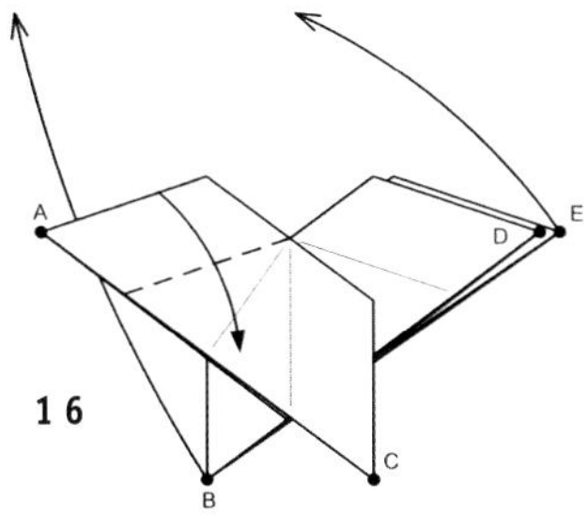


16

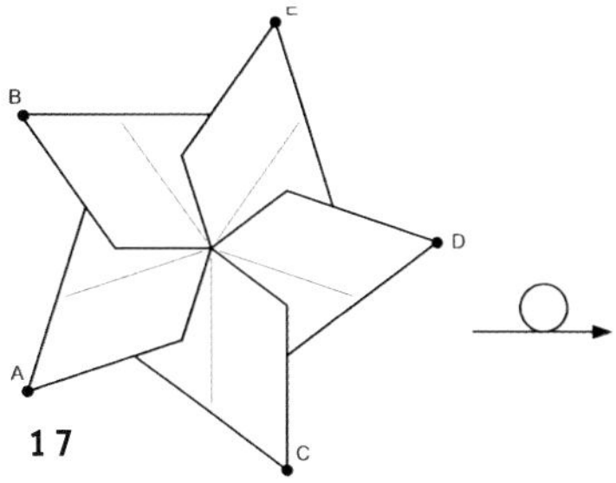


17

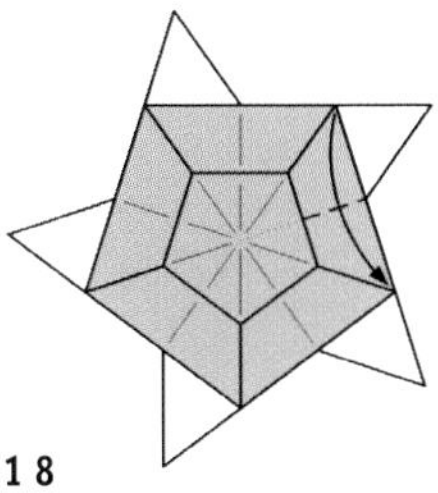

18

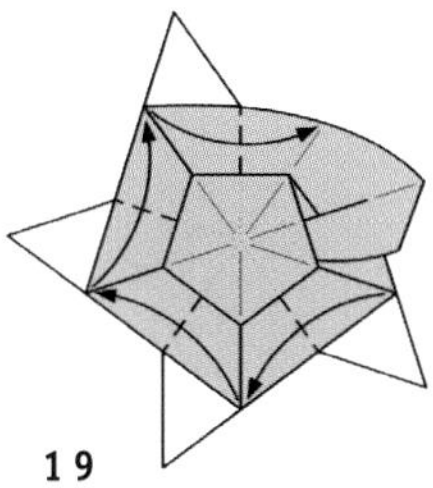

19

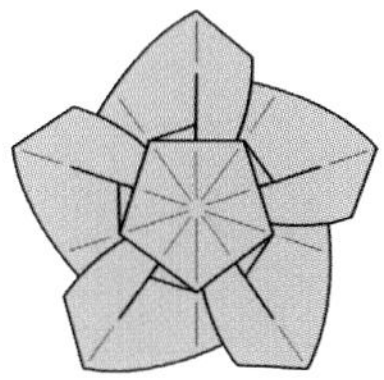

20

## Edler Blütenschmuck

Seite 20

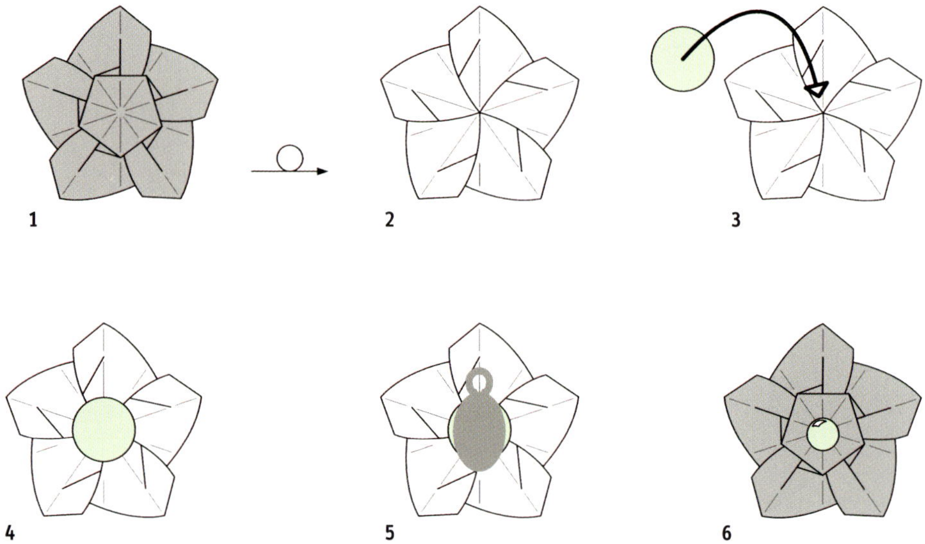

# Blühende Grußkarten

Seite 22

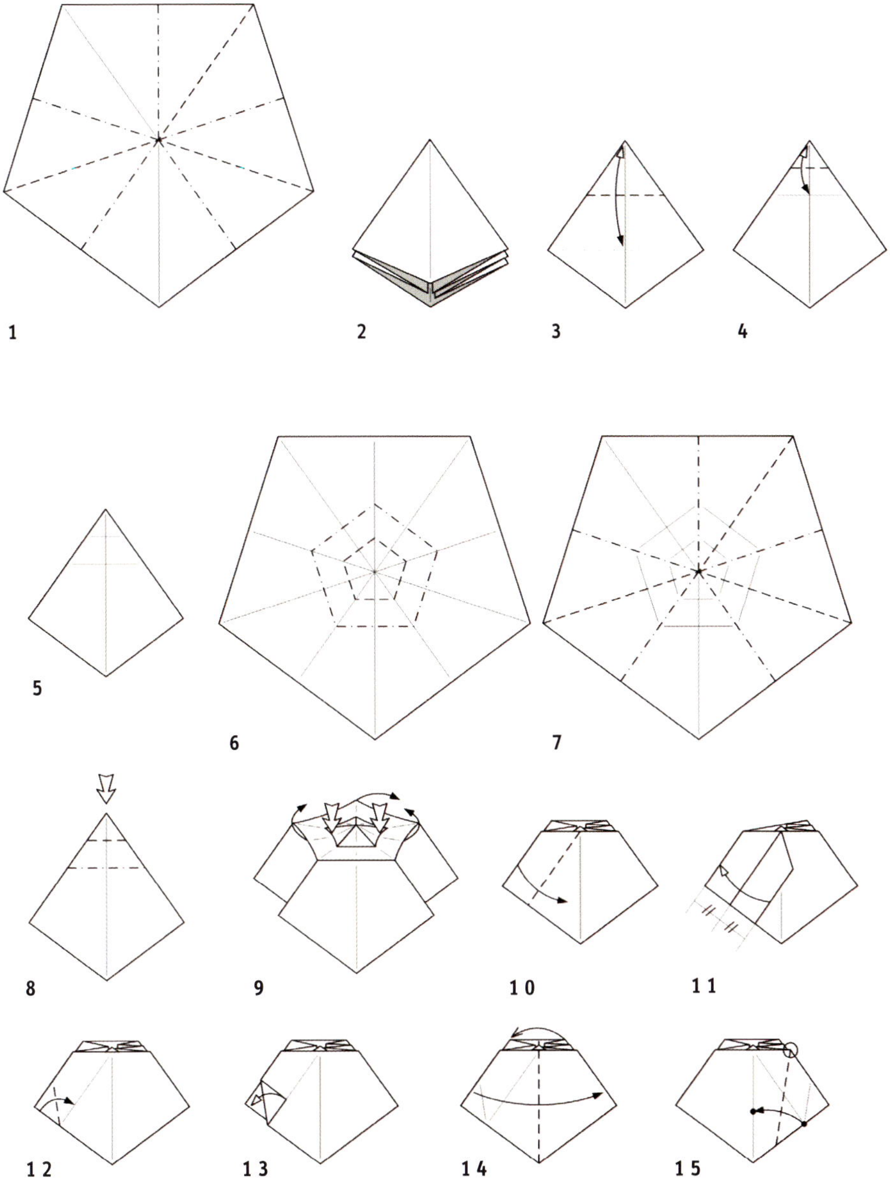


Weiter geht es auf Seite 16.

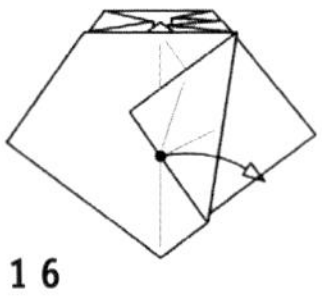

16

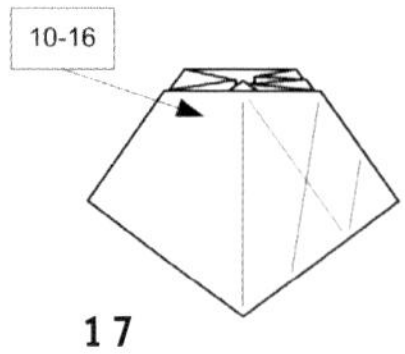


17

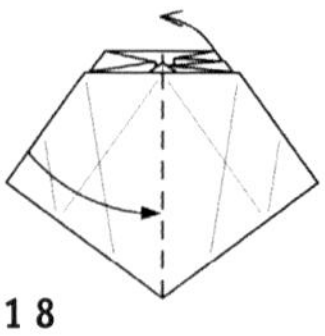

18

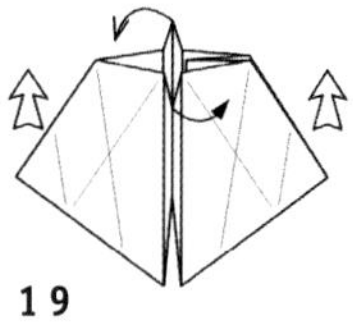

19

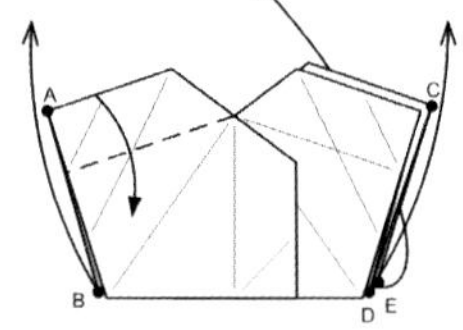


20

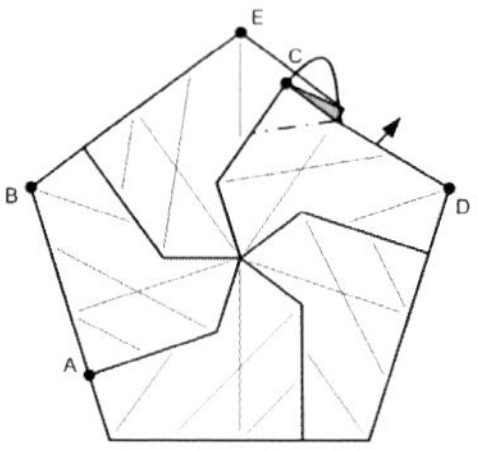


21

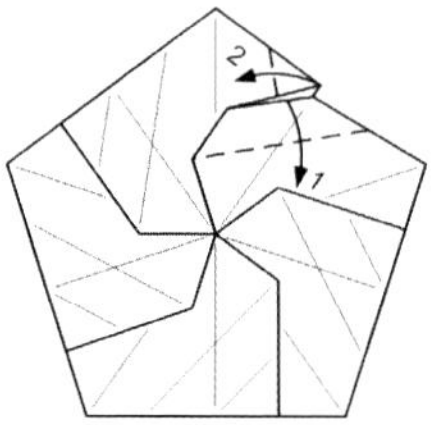


22

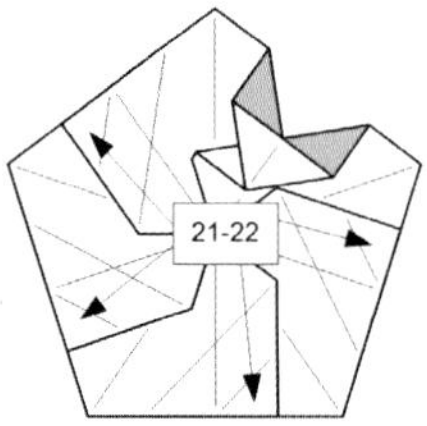


23

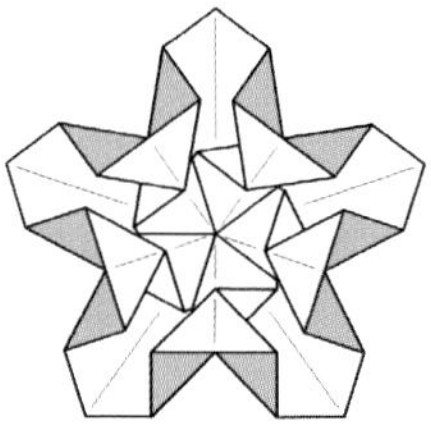

24

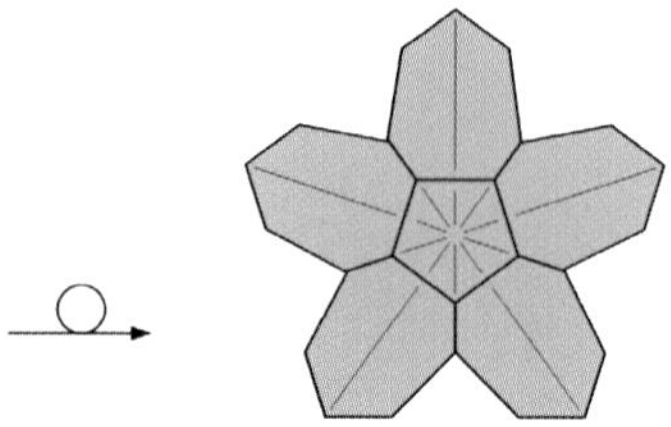

25

## Kirigami-Manvelablüten

Seite 24

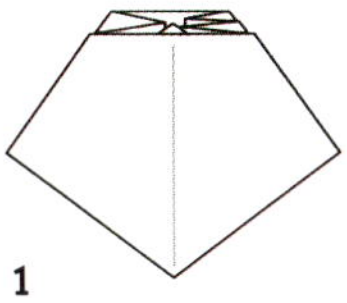

1

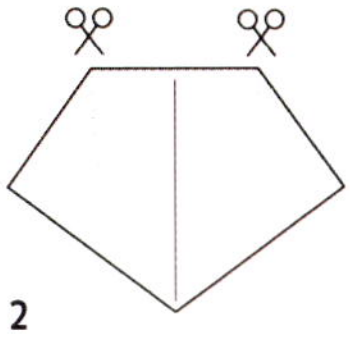

2

## Hängende Manvelablüten

Seite 26

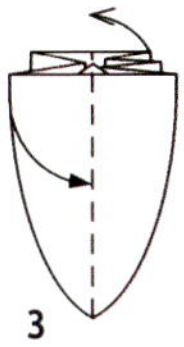

3

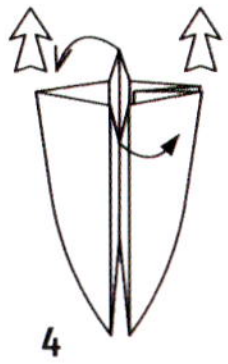

4

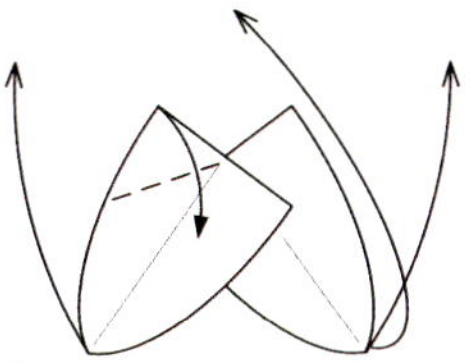

5

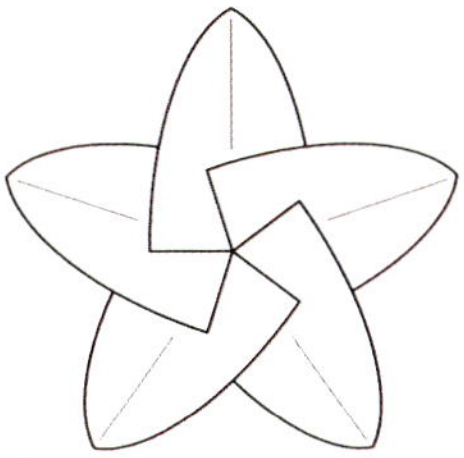

6

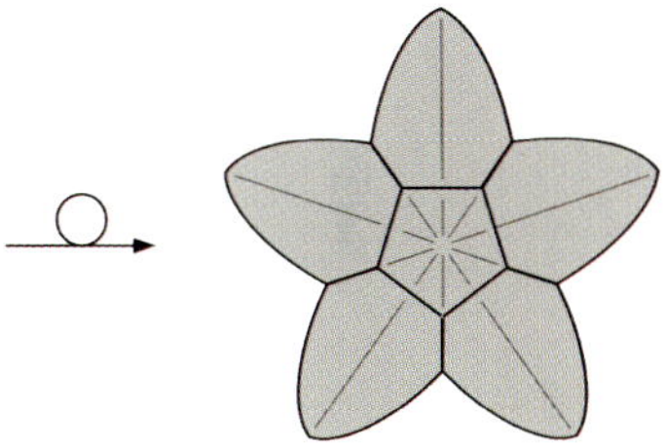

7

## Sommerliche Blütenkränze

Seite 27

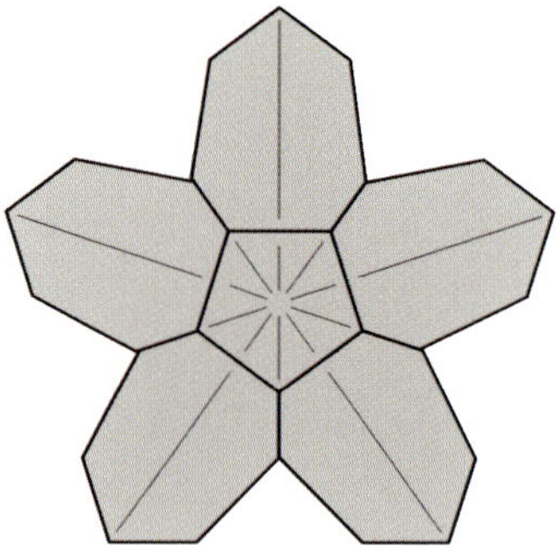

1

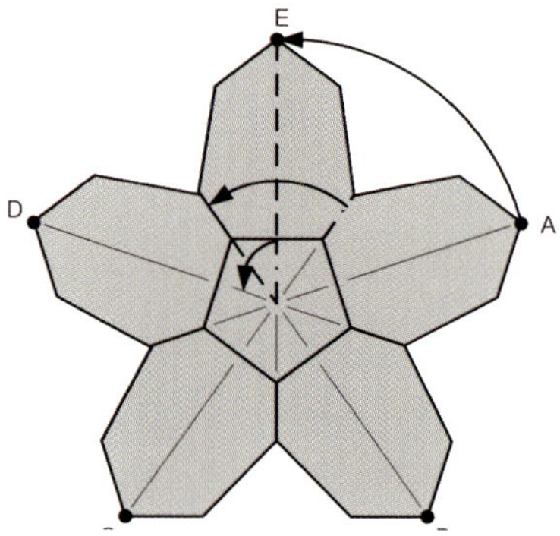


2

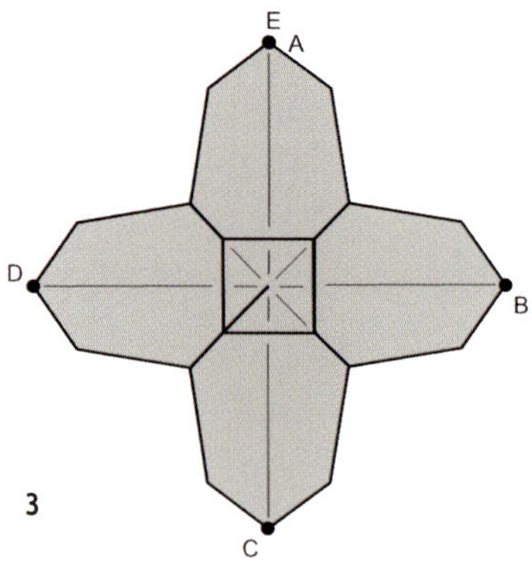


3

# Fröhlicher Türkranz

Seite 28

## Manvelablüte falten

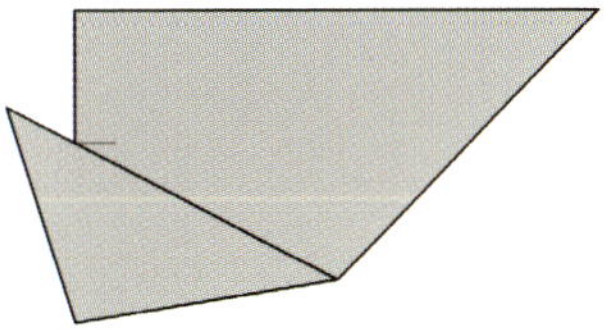

1

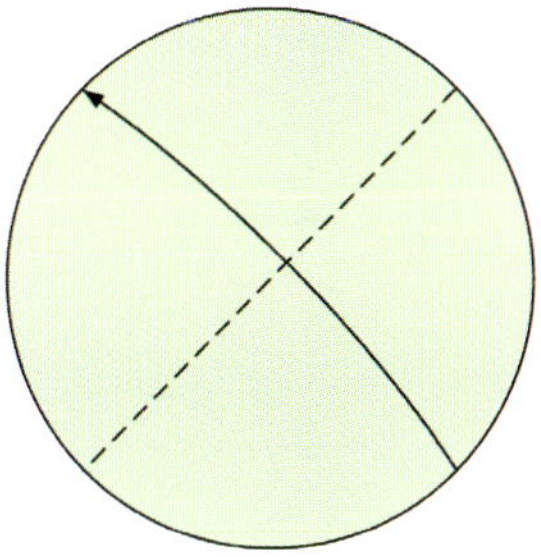

2

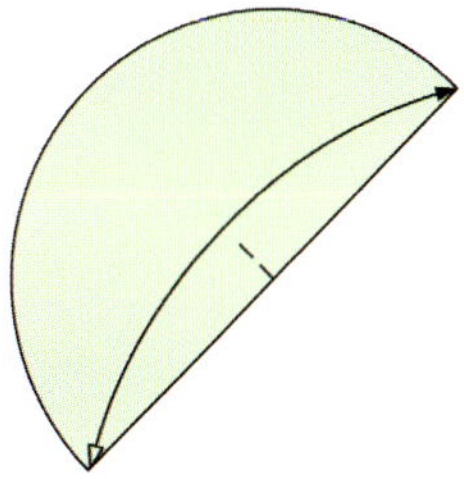

3

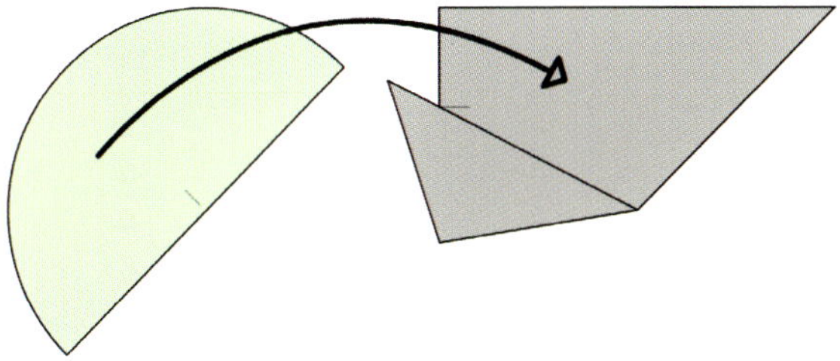

4

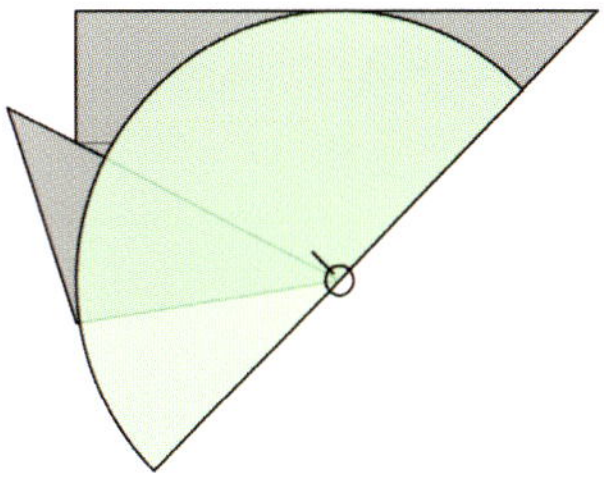

5

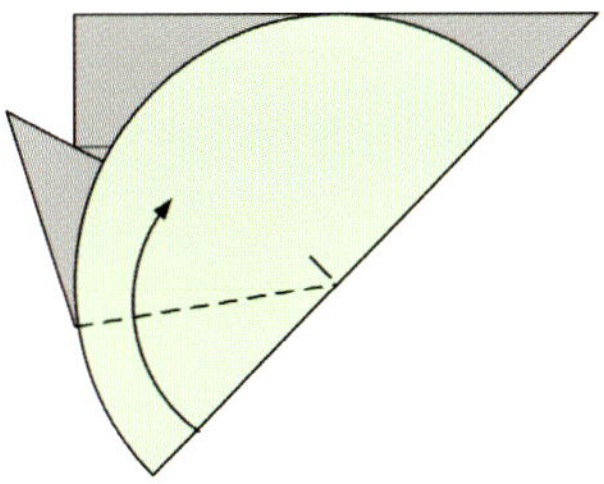

6

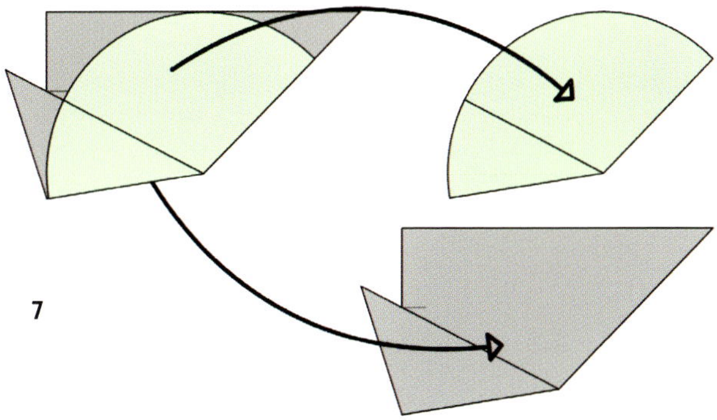

7

Weiter geht es auf Seite 20.

## Manvelablüte falten

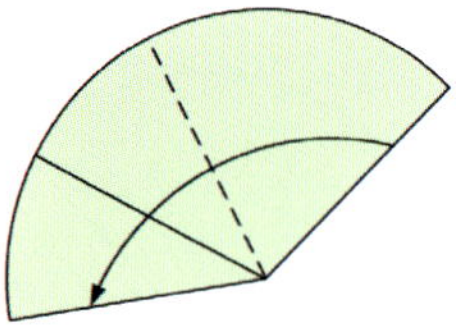

8

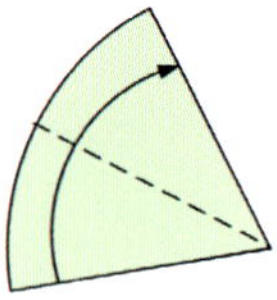

9

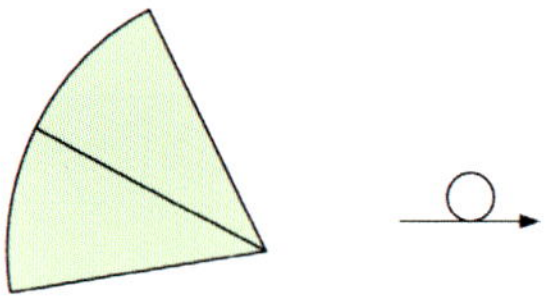

10

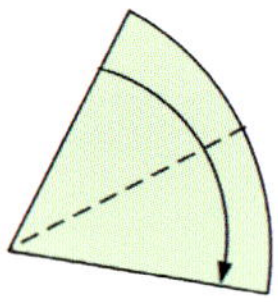

11

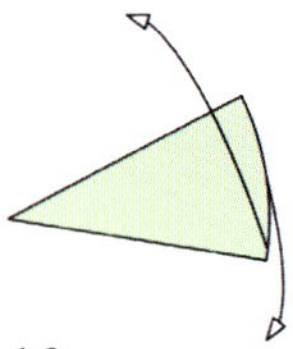

12

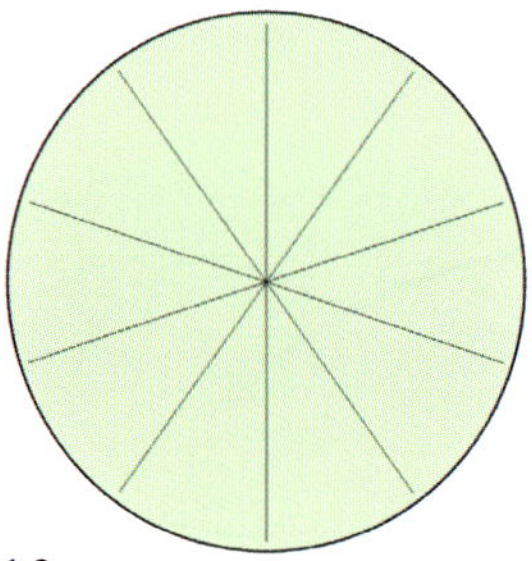

13

Weiter geht es auf Seite 21.

## Blätter falten

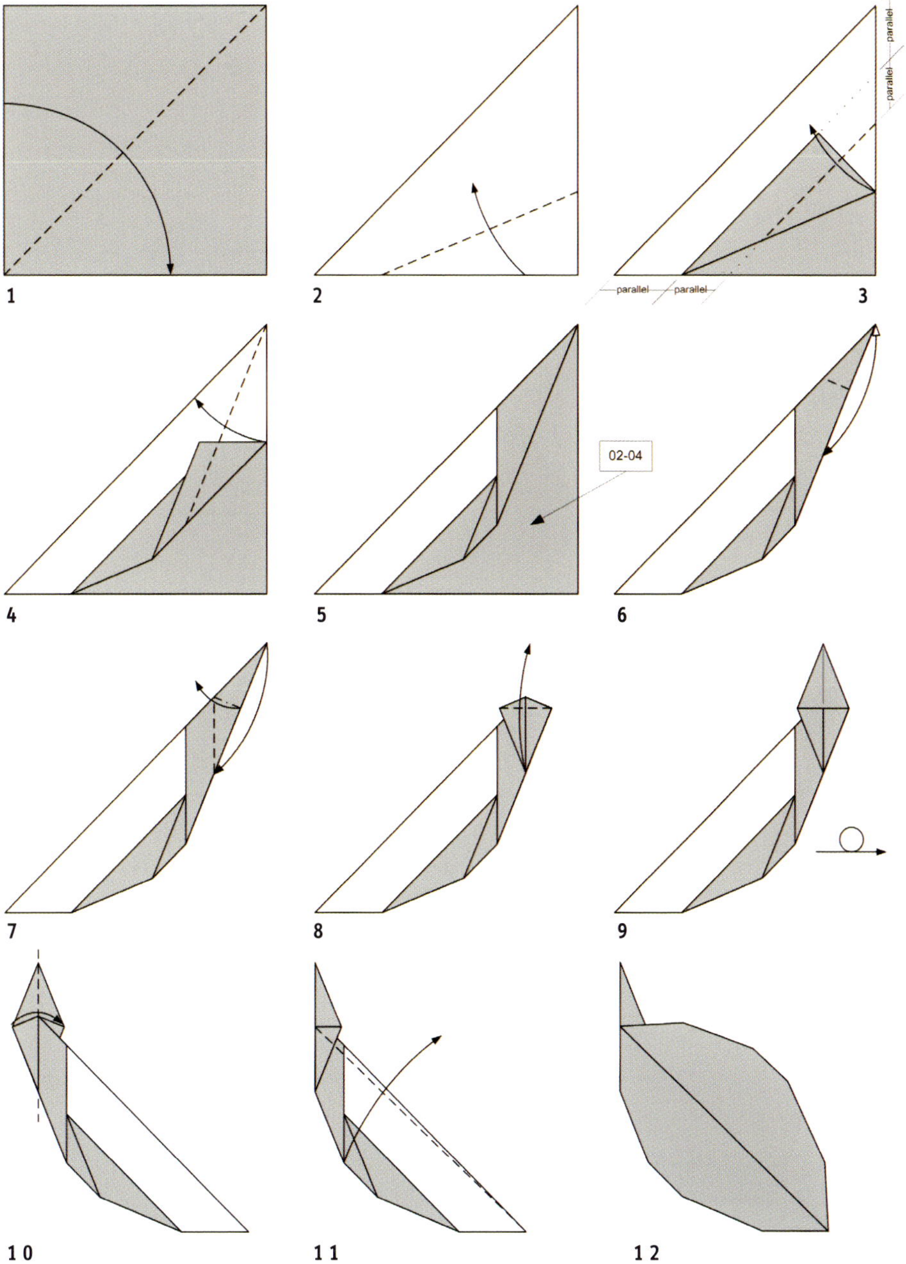

# Immerblühende Kakteen

Seite 30

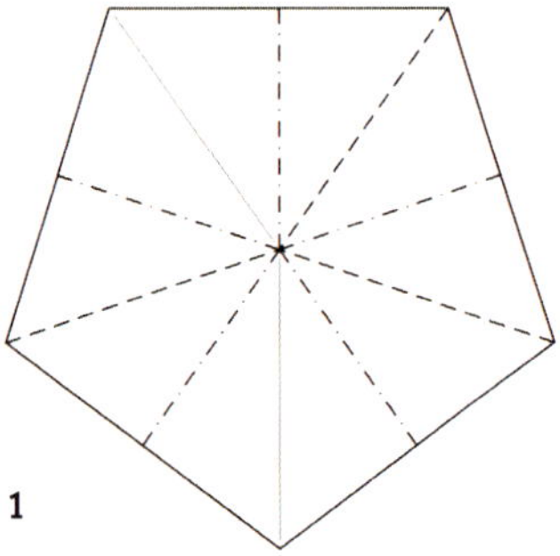

1

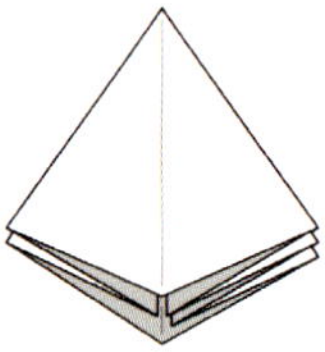

2

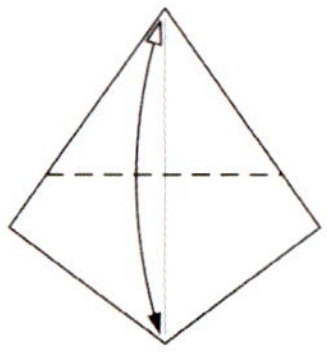

3

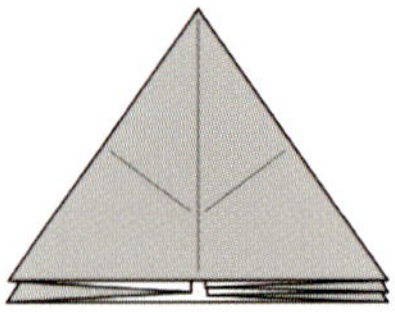

4

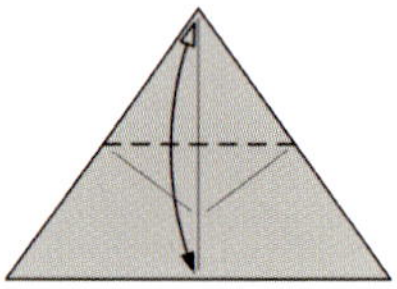

5

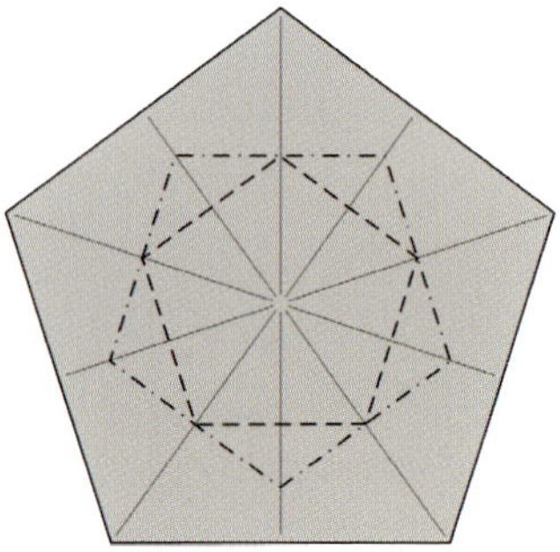

6

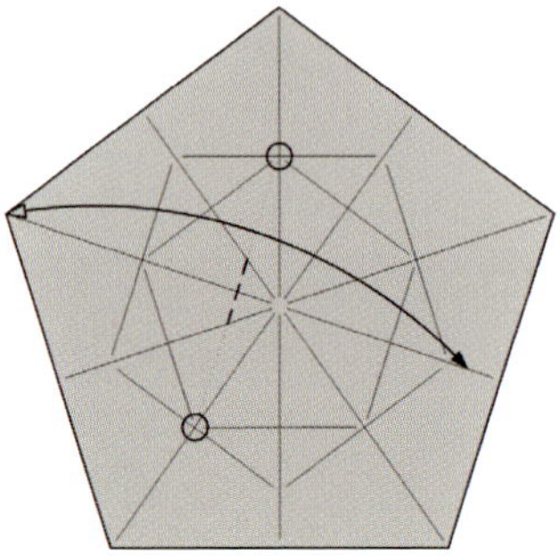

7

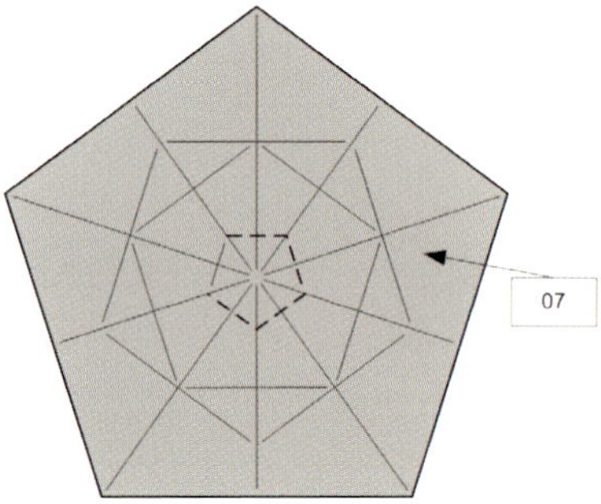


8

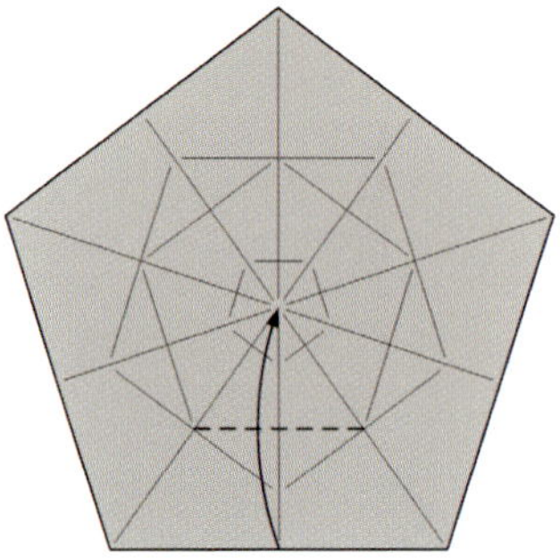

9

Weiter geht es auf Seite 23.

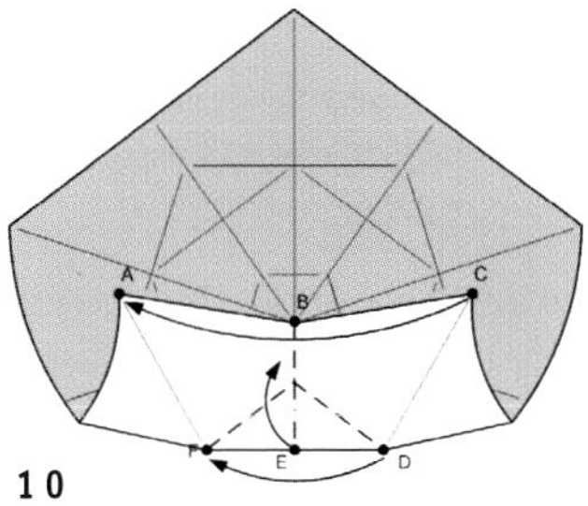


10

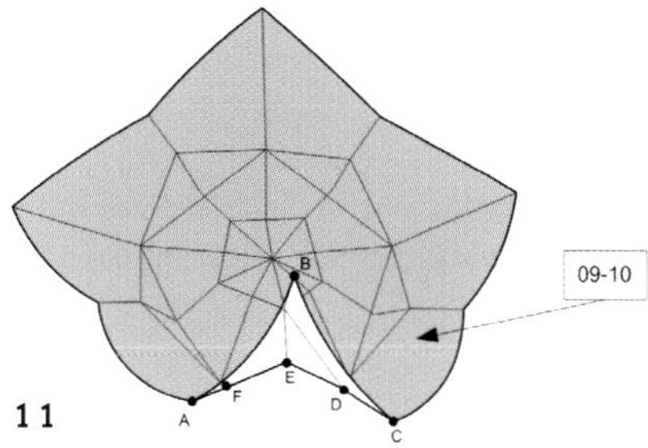


11

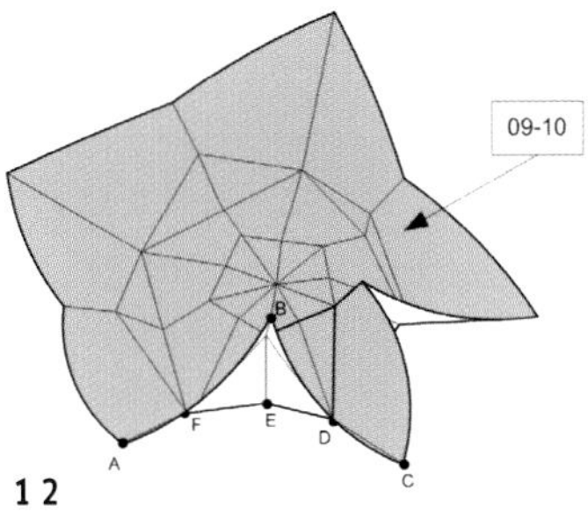


12

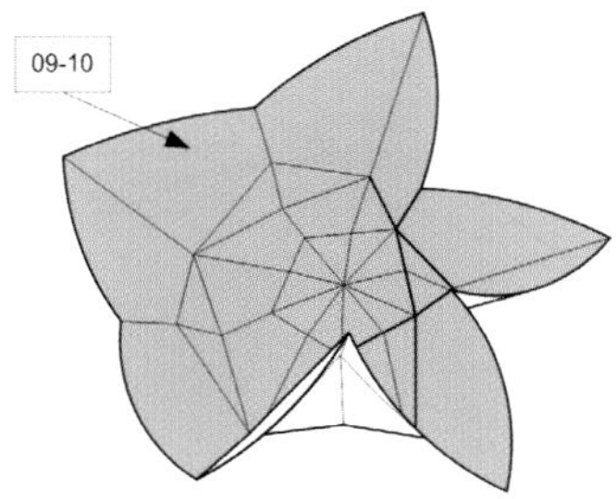


13

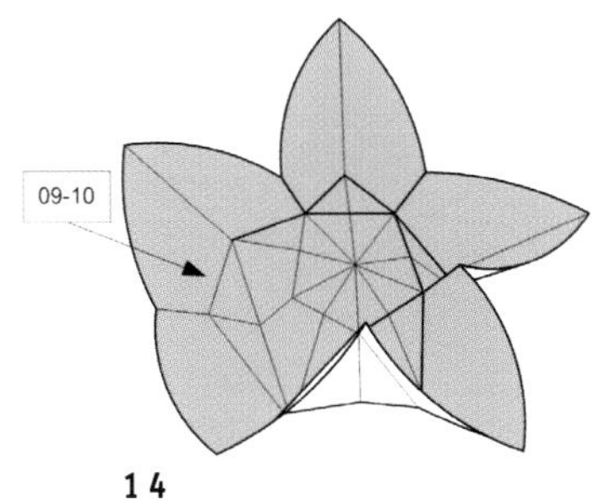


14

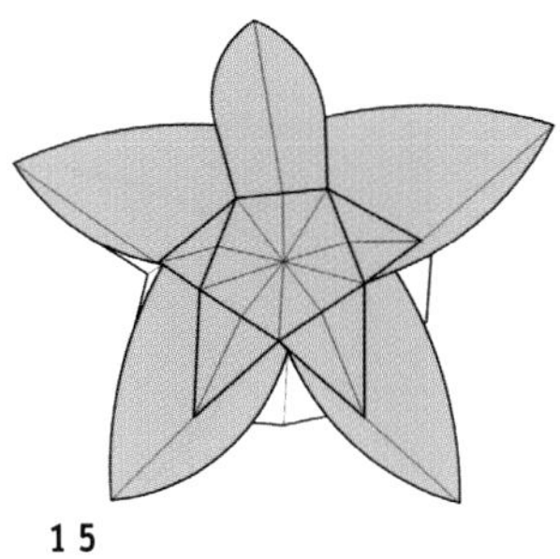

15

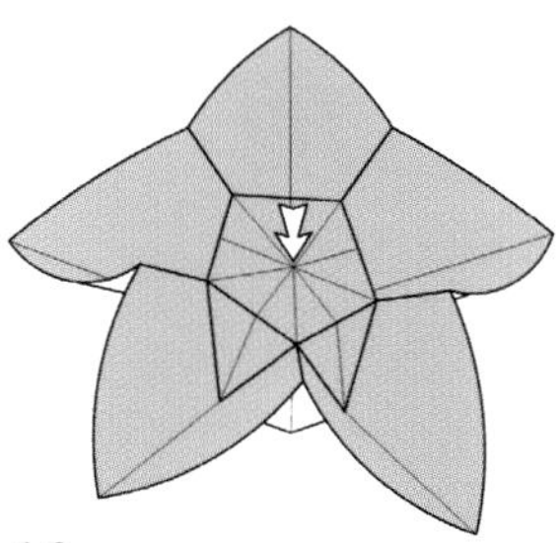

16

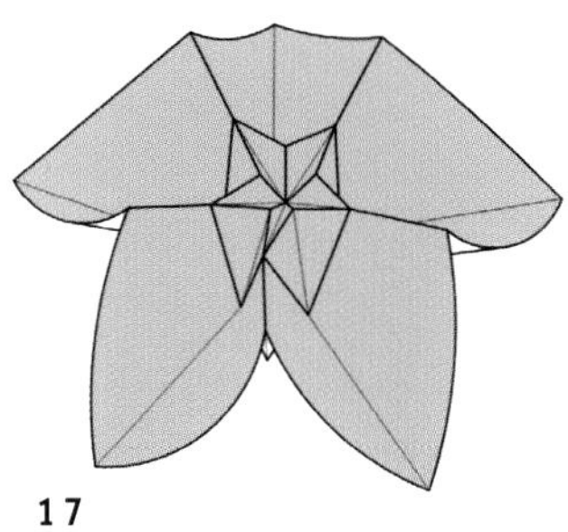

17

## Arbeiten mit Fünfeck-Schablone

Wenn Sie mehrere Blätter zu einem Fünfeck falten wollen, können Sie sich diesen Vorgang mit einer Schablone vereinfachen. Sie sparen dabei jedes Mal die Faltschritte 2 und 3. Falten Sie dazu das erste Faltblatt bis Schritt 4. Verwenden Sie dies dann als Schablone für die anderen Faltblätter, indem Sie jene nur bis Schritt 1 falten und dann auf die Schablone legen.

1 Ein anderes Faltblatt gefaltet bis zu Schritt 1.

2 Die Schablone gefaltet bis Schritt 4.

3 Die Faltblätter übereinanderlegen. Das andere Faltblatt ist in dieser Abbildung etwas transparent gezeichnet und liegt auf der Schablone.

4 Halten Sie die oberen zwei Ecken aufeinander und alten Sie die untere Ecke auf die sichtbare Ecke der Schablone.

5 Fertig. Falten Sie die Faltblätter dann weiter wie bei „Grundfaltung Fünfeck", Faltschritt 5, beschrieben.

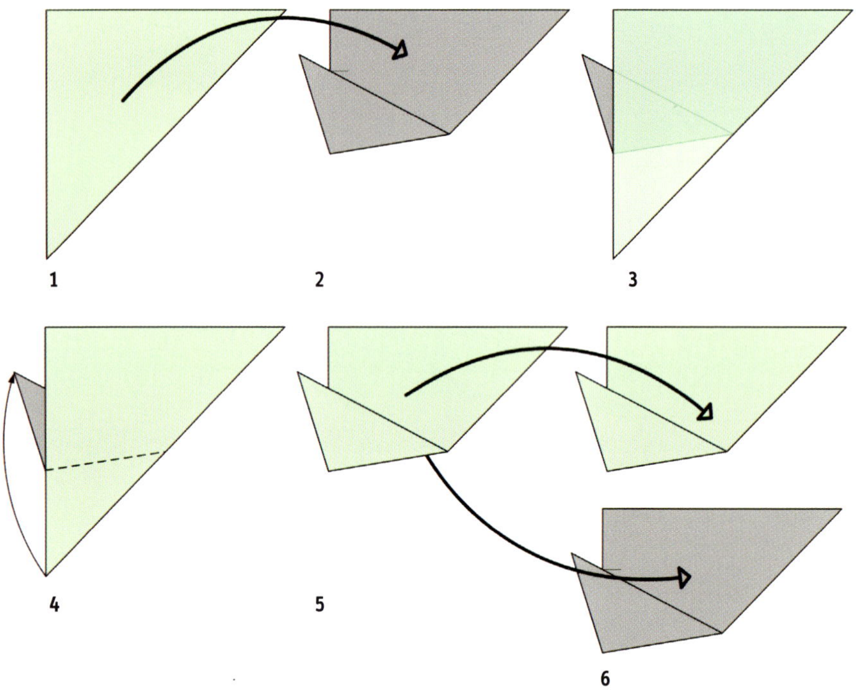


© frechverlag Stuttgart
Dominik Meißner
Faszinierende Origami-Blüten
Gefaltete Blüten aus Papier
BEST.-NR. 4018
VORLAGENHEFT
TOPP

# Zauberhafte Noniablüten

auf Tisch und Wasser schön

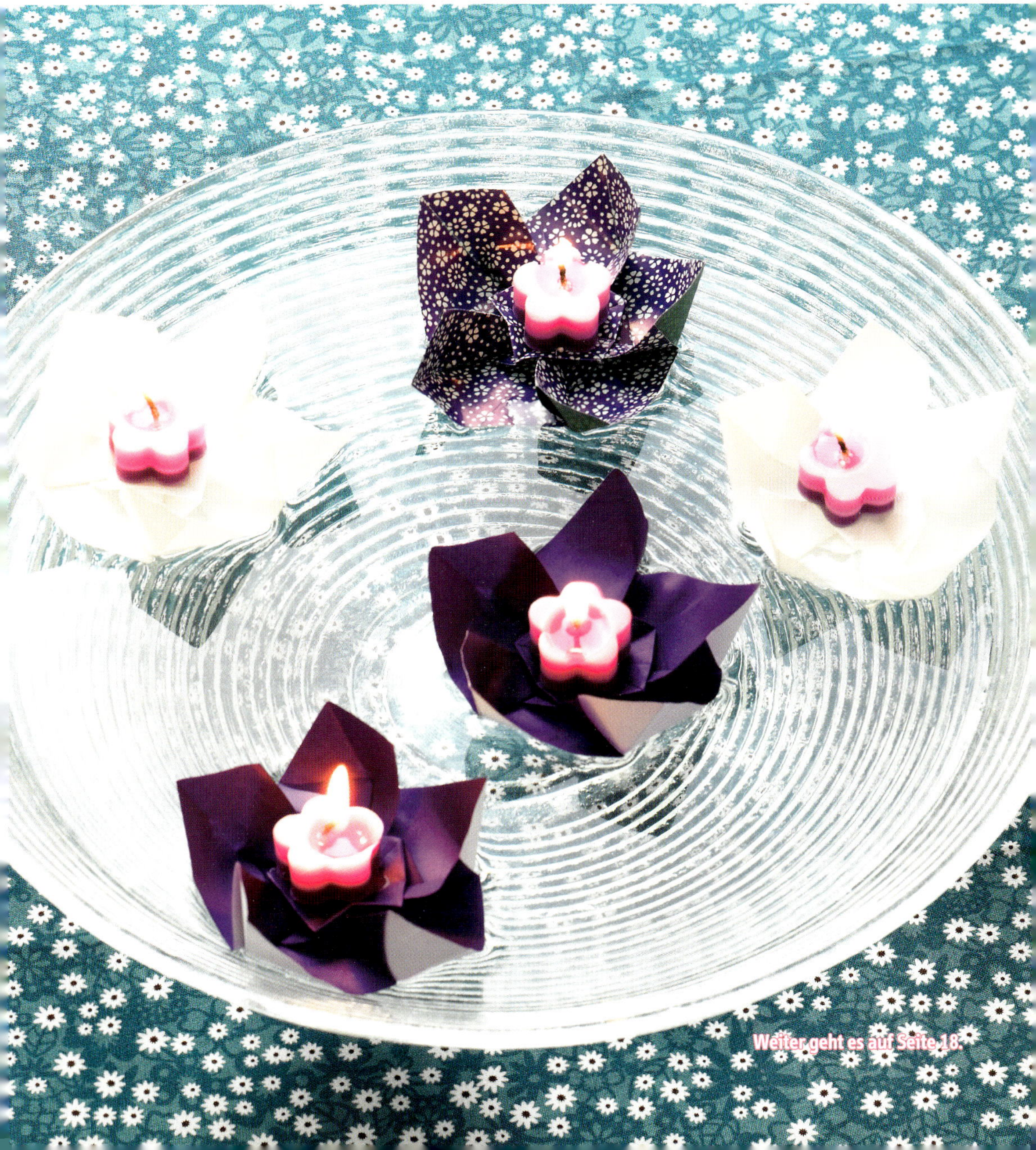

Weiter geht es auf Seite 18.

DURCHMESSER
ca. 7 cm

MATERIAL
PRO BLÜTE

* Faltblatt in Rot gemustert, Weiß, Lila gemustert oder Lila, 15 cm x 15 cm
* 2 Faltblätter in Grün, 5 cm x 5 cm
* evtl. kleine Kerze

FALTSKIZZEN
Umschlagklappe, Grundfaltung Fünfeck

Vorlagenheft Seite V 12/13 und V 21

1 Erstellen Sie ein Fünfeck anhand der Anleitung „Grundfaltung Fünfeck" auf der Umschlagklappe. Kehren Sie die Faltungen aus der „Grundfaltung Fünfeck" um und zwar immer eine Talfalte und eine Bergfalte im Wechsel.

2 Das Blatt zu einem Dreieck zusammenfalten. Beachten Sie, dass die farbige Seite der Blüte innen liegt und die untere offene Kante eine waagerechte Linie bildet.

3 Talfalten Sie die obere Spitze auf die untere Kante. Dies ist die Faltung für den späteren Blütenmittelpunkt. Sie können diese Faltung auch etwas höher oder tiefer ansetzen. Probieren Sie es bei künftigen Blüten einfach aus.

4 Die obere Spitze auf die Faltung aus Schritt 3 talfalten.

5 Falten Sie nun die letzten Schritte wieder auf.

6 Die Faltung aus Schritt 3 als Bergfalte und die Faltung aus Schritt 4 als Talfaltung umfalten.

7 Die Schritte 1–2 wiederholen.

8–9 Drücken Sie die Spitze ein, aber ziehen Sie sie vorher auseinander.

10 Falten Sie wie abgebildet die obere linke Lage auf die rechte Seite. Die Mittelfaltung ist dabei Ihr Anhaltspunkt. Die neue Kante verläuft parallel zur hinteren.

11 Die Faltung aus Schritt 10 wieder auffalten.

12 Legen Sie die obere linke Papierlage auf die rechte Seite und die untere rechte Papierlage auf die linke Seite.

13 Die Schritte 10–12 mit den vier anderen Lagen wiederholen.

14 Stellen Sie die obere linke und die untere rechte Papierlage so auf, dass sich von oben gesehen ein Stern bildet.

15 Klappen Sie die vordere und hintere Lage um und ziehen Sie dabei die linke und rechte Seite hoch (siehe Abbildung 16). Punkt B befindet sich hinter Punkt C.

16 Drehen Sie die hintere Lage wie abgebildet nach oben.

17 Die Blüte wenden.

18 Talfalten Sie die obere Papierlage vorsichtig im Uhrzeigersinn auf die andere Lage. Falten Sie auch die Papierlage unter dem kleinen Fünfeck in der Mitte mit.

19–20 Den letzten Schritt bei den anderen vier Spitzen wiederholen.

21 Arrangieren Sie einige der Blüten mit je zwei Blättern als Deko auf einem Tisch. Wie Sie die Blätter falten, erfahren Sie auf Seite 28.

**Mein Tipp für Sie**

**Blüten schwimmen lassen**
Sie können die Blüten auch aus schwimmfähigem Papier arbeiten und eine kleine Kerze in die Blütenmitte stellen (siehe Seite 17). Danach in eine Schale mit Wasser geben und einfach schwimmen lassen. Achtung: Wenn das Papier nicht feuerfest ist, sollten Sie die Kerzen nicht unbeaufsichtigt brennen lassen!

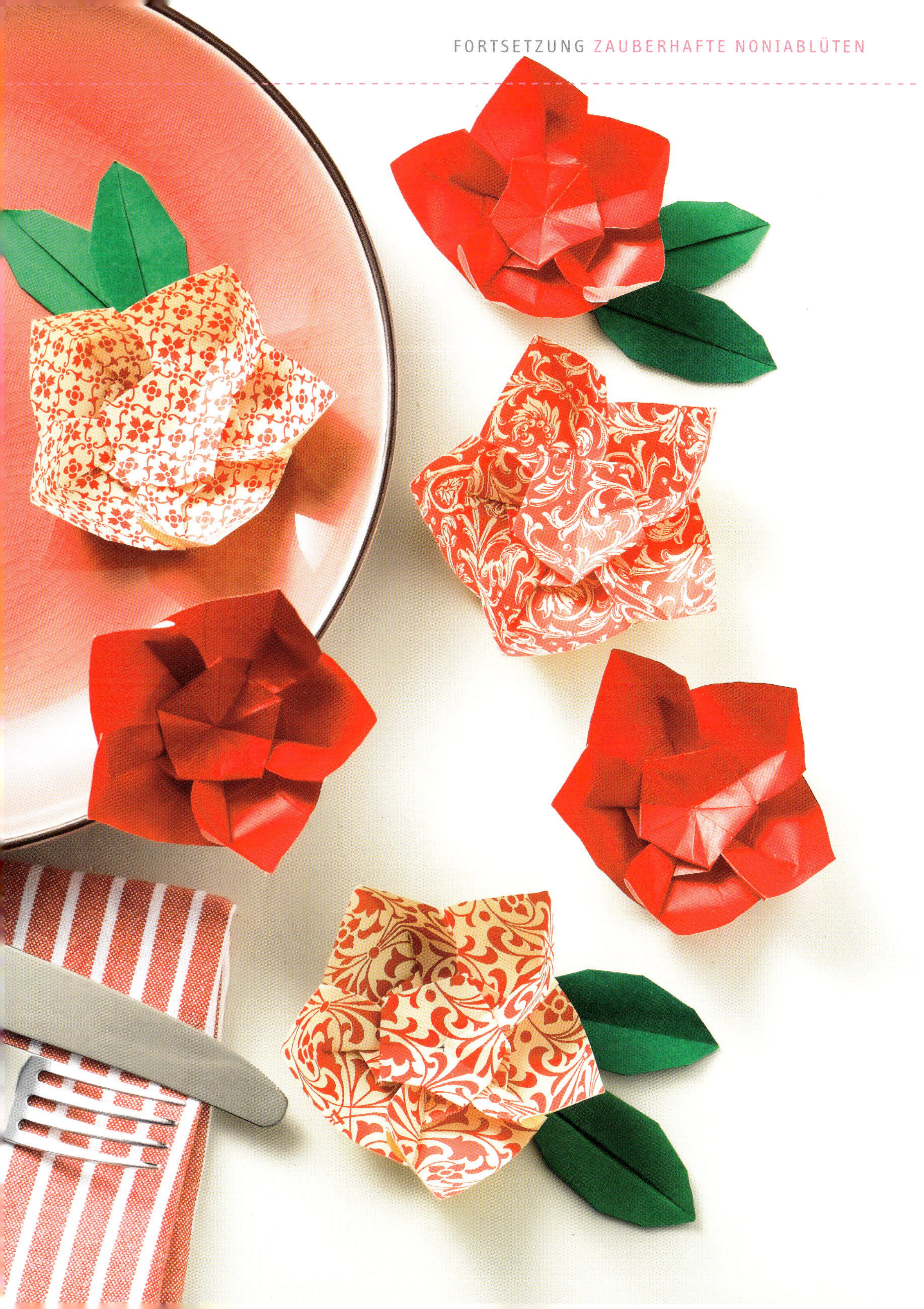

Die Noniablüte kommt in fast jeder Papierfarbe und -musterung gut zur Geltung.

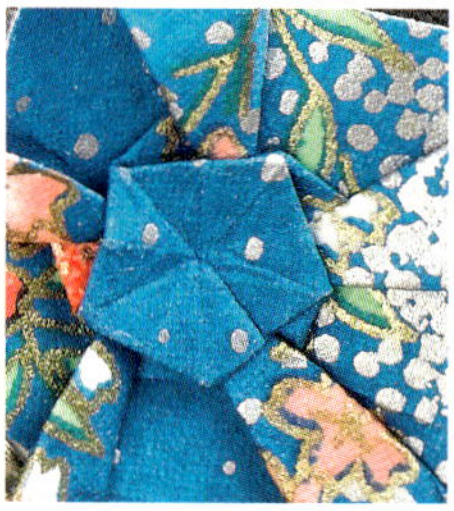
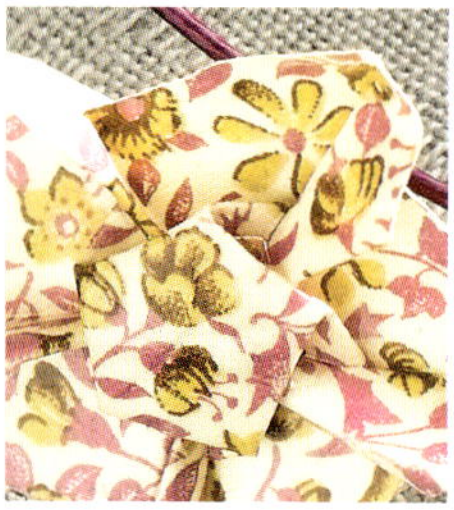
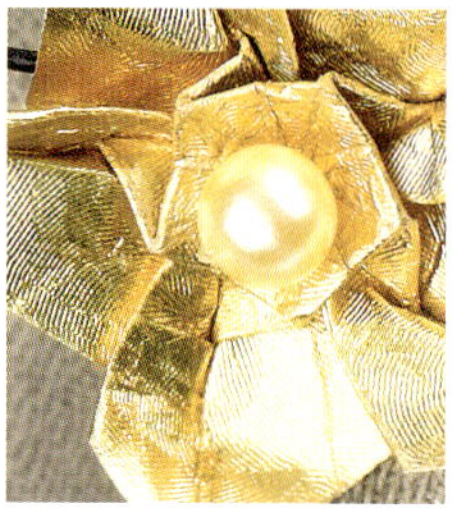

# Edler Blütenschmuck

## vielseitig mit der Noniablüte

**DURCHMESSER**
ca. 3 cm

**MATERIAL**
**PRO BLÜTE**

* Faltblatt in Türkis gemustert, Beige gemustert oder Gold, 5 cm x 5 cm

**UND**

* Drahtcollier mit Verschluss
* Logoanhänger, ø 1 cm
* Spaltring, ø 2 mm
* Broschennadel, rund, ø 5 mm
* Ringrohling mit Platte, ø 1 cm (Platte)
* evtl. kleine Wachsperle in Creme, ø 5 mm
* Schmuckkleber
* Klarlack
* feiner Pinsel

**FALTSKIZZEN**
Vorlagenheft Seite V 12–14

1 Falten Sie aus einem Faltblatt eine Noniablüte wie auf Seite 18 beschrieben.

2 Die Blüte wenden.

3 Kleben Sie ein Stück Papier auf die Rückseite der Blüte. Dies ist notwendig, da die Blütenfaltung sonst bei der Behandlung mit Klarlack aufgehen würde. Trocknen lassen.

4 Die Blüte mithilfe eines Pinsels mit Klarlack bestreichen und alles gut trocknen lassen.

5 Bringen Sie mithilfe des Schmuckklebers die entsprechende Schmuckhalterung auf der Rückseite der Blüte an – für die Brosche die Broschennadel und für den Ring den Ringrohling. Bei der Kette befestigen Sie am Logoanhänger noch den Spaltring, bevor Sie ihn an die Blüte kleben.

6 In die Blütenmitte auf der Vorderseite kann je nach Belieben noch eine kleine Perle eingeklebt werden.

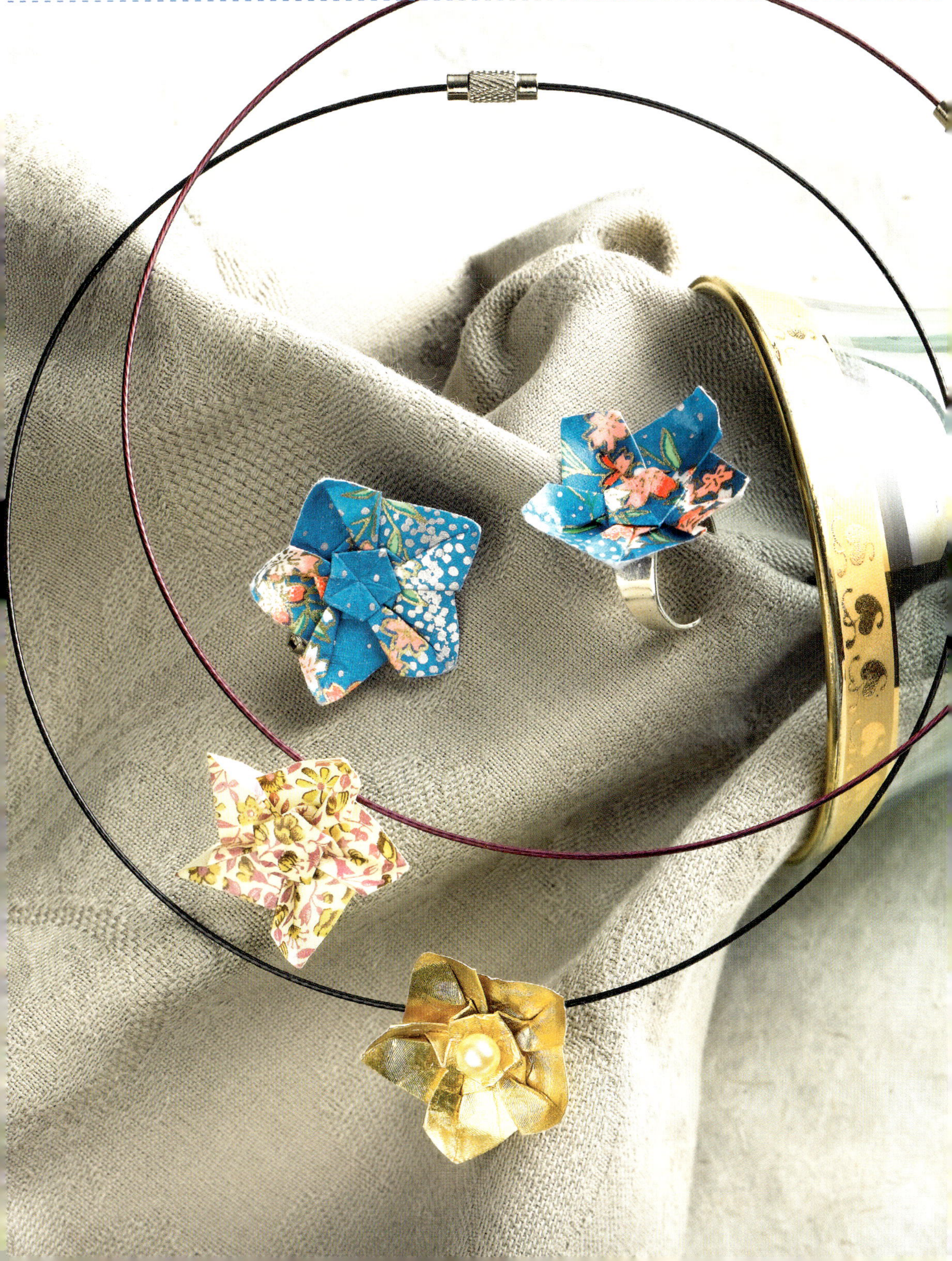

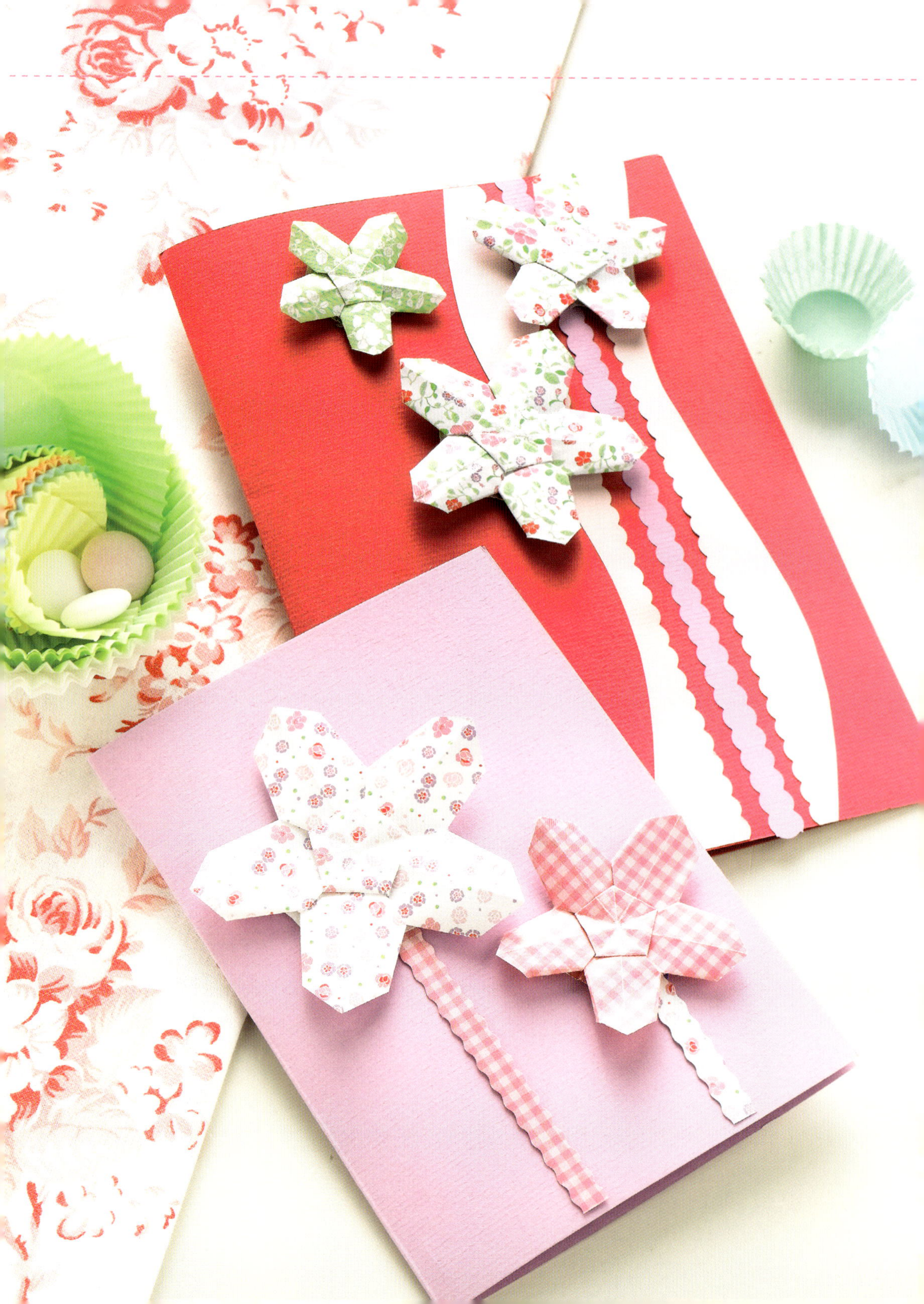

# Blühende Grußkarten

## mit Manvelablüten

**DURCHMESSER**
ca. 8,5 cm (große Blüte)

**MATERIAL**
* Doppelkarten in Brombeere und Flieder, 12 cm x 17 cm und 14,8 cm x 21 cm
* 1–2 Faltpapiere in Grün-Weiß geblümt, Rosa kariert und Weiß-Bunt geblümt, 15 cm x 15 cm oder 7,5 cm x 7,5 cm sowie Reste in Rosa kariert und Bunt geblümt (Set „Rosalie“)
* Tonpapierreste in Hellrosa und Flieder
* Motivschere: Wellenrand

**FALTSKIZZEN**
Umschlagklappe, Grundfaltung Fünfeck

Vorlagenheft Seite V 15/16

1 Erstellen Sie ein Fünfeck anhand der Anleitung „Grundfaltung Fünfeck“ auf der Umschlagklappe. Kehren Sie die Faltungen aus der „Grundfaltung Fünfeck“ um und zwar immer eine Talfalte und eine Bergfalte im Wechsel.

2 Falten Sie das Blatt zusammen. Beachten Sie, dass die farbige Seite der Blüte innen liegt und der offene Teil nach unten zeigt.

3 Die obere Spitze ca. 1/3 nach unten talfalten. Dies ist die Faltung für den späteren Blütenmittelpunkt. Sie können sie auch etwas höher oder tiefer ansetzen.

4 Die obere Spitze auf die Faltung aus Schritt 3 talfalten.

5 Falten Sie nun alles wieder auf.

6 Die Faltung aus Schritt 3 als Bergfaltung umfalten und die Faltung aus Schritt 4 als Talfaltung umfalten.

7 Die Schritte 1–2 wiederholen.

8–9 Drücken Sie die Spitze ein, aber ziehen Sie sie vorher auseinander.

10 Falten Sie wie abgebildet die obere linke Lage auf die rechte Seite. Die Kanten verlaufen parallel.

11 Die Faltung aus Schritt 10 wieder auffalten.

12 Talfalten Sie die linke Ecke der oberen Lage so, dass die untere Kante der Ecke die Faltung von Schritt 10 trifft.

13 Falten Sie die Faltung aus Schritt 12 wieder auf.

14 Legen Sie die obere linke Papierlage auf die rechte Seite und die untere rechte Papierlage auf die linke Seite.

15 Talfalten Sie die rechte Ecke der oberen Lage so, dass die schwarzen Punkte zusammentreffen.

16 Die Faltung aus Schritt 15 wieder auffalten.

17 Die Schritte 10–16 mit den vier anderen Lagen wiederholen.

18 Stellen Sie die obere linke und die untere rechte Papierlage so auf, dass sich von oben gesehen ein Stern bildet.

19 Klappen Sie die vorderen und hinteren Papierlagen um und ziehen Sie dabei die linke und rechte Seite hoch (siehe Abbildung 20).

20 Falten Sie die hintere Papierlage nach oben.

21 Bergfalten Sie die Ecke C nach innen zurück.

22 Nun erst die rechte und dann die linke Faltung talfalten. Es bildet sich ein Dreieck.

23 Wiederholen Sie die Schritte 21–22 mit den vier anderen Lagen.

24–25 Wenden Sie die Blüte. Und fertig!

26 Arrangieren Sie die Blüten nun zusammen mit anderen Papieren wie abgebildet auf den Karten. Schneiden Sie die Papiere dazu mit der Motivschere bzw. mit der normalen Schere in Streifen bzw. Wellen.

# Kirigami-Manvelablüten

## mit geschnittenen Blütenblättern

**DURCHMESSER**
ca. 5 cm

**MATERIAL**
* 3 Faltblätter in Blau geblümt, 7,5 cm x 7,5 cm
* 3 Faltblätter in Rot geblümt, 7,5 cm x 7,5 cm
* Faltpapier in Grün, 20 cm x 20 cm
* Fotokarton in Cremeweiß, mind. 28 cm x 22 cm
* Bilderrahmen, 28 cm x 22 cm

**FALTSKIZZEN**
Vorlagenheft Seite V 15–17

1 Falten Sie die Blüte wie auf Seite 23 beschrieben bis einschließlich Schritt 9.

2 Schneiden Sie nun in einem leichten Bogen von der oberen linken und rechten Ecke zur unteren Spitze.

3 Stellen Sie die obere linke und die untere rechte Papierlage so auf, dass sich von oben gesehen ein Stern bildet.

4 Klappen Sie die vordere und hintere Papierlage um und ziehen Sie dabei die linke und rechte Seite hoch (siehe Abbildung 5).

5 Falten Sie die hintere Lage nach oben.

6 Die Blüte nun wenden.

7 So sieht die fertige Manvelablüte aus.

8 Schneiden Sie den cremeweißen Fotokarton auf die Größe des Bilderrahmens zu. Das grüne Faltblatt in mehrere unterschiedlich breite und lange Blätter schneiden, der Länge nach in der Mitte falten und wie abgebildet zusammen mit den Blüten arrangieren und auf dem Fotokarton fixieren. Legen Sie ihn anschließend in den Rahmen ein.

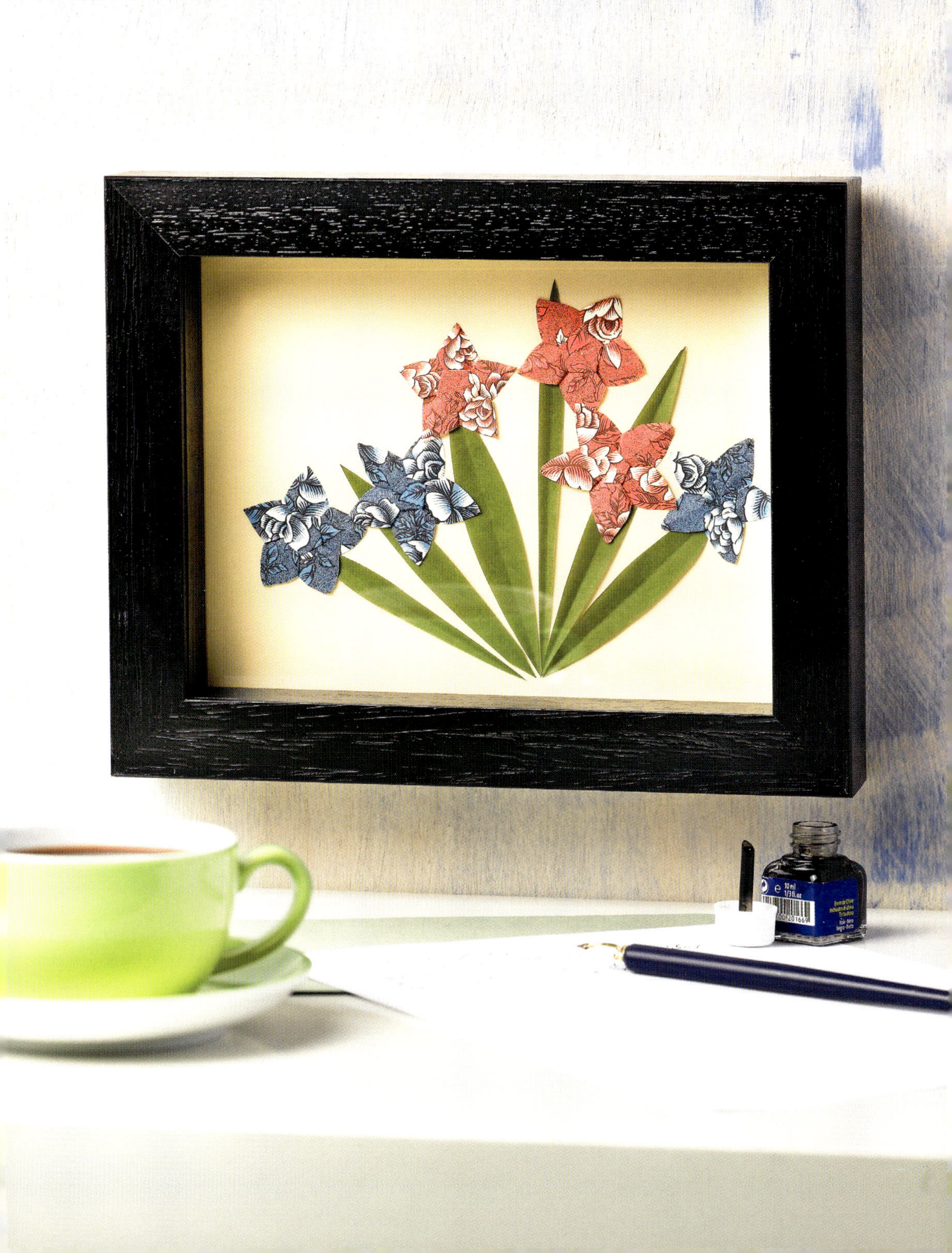

# Hängende Manvelablüten

## luftig und leicht

**MOTIVLÄNGE**
ca. 60–80 cm

**MATERIAL**
**JE HÄNGER**
* je 4 Faltblätter in Grün-Weiß geblümt und Weiß-Bunt geblümt oder Rosa kariert, 15 cm x 15 cm (Set „Rosalie")
* je 8 Rocailles in Rosa oder Hellgrün, ø 5 mm
* Nylonfaden, ca. 80 cm lang

**FALTSKIZZEN**
Vorlagenheft Seite V 15–17

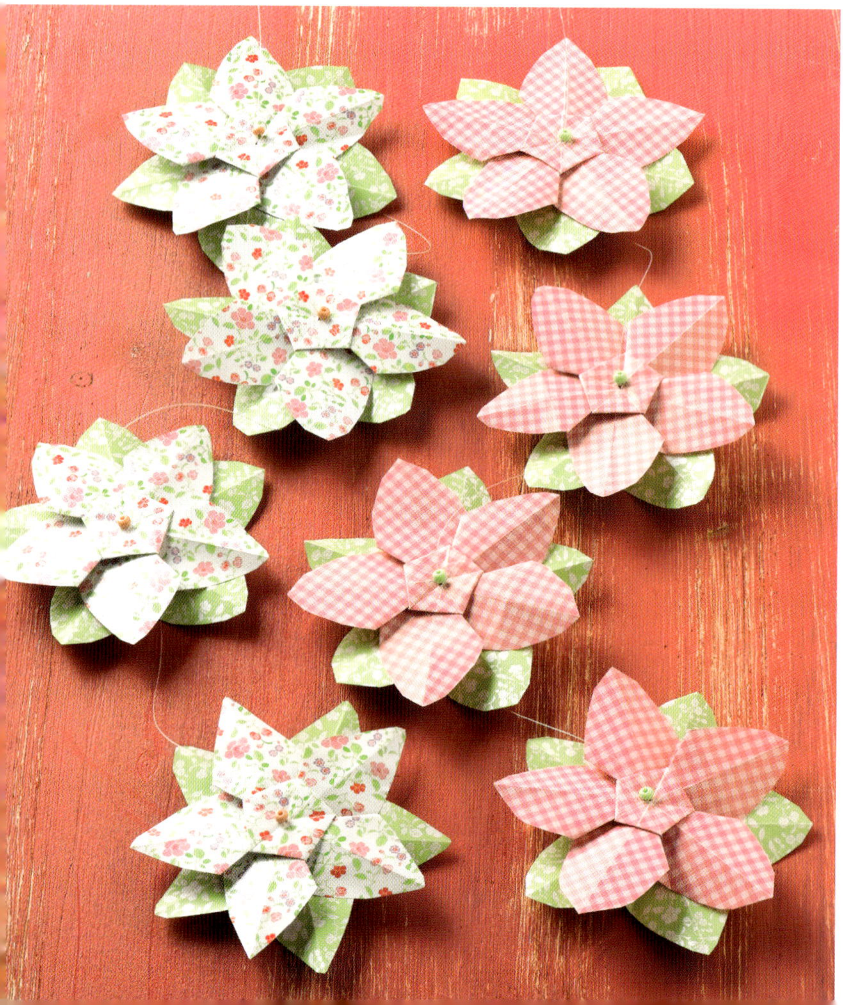

1 Falten Sie die Blüten wie auf Seite 23 beschrieben und schneiden Sie die Blütenblätter anschließend wie auf Seite 24 beschrieben in Form.

2 Fixieren Sie nun immer die weiß-bunten bzw. rosa karierten Blüten versetzt auf den grün-weiß geblümten. Dazu einen Tropfen Klebstoff auf die Blütenmitte geben und die entsprechende Blüte aufkleben.

3 Danach auf den Faden eine Rocaille auffädeln und diese am Fadenende mit einem Knoten fixieren. Nun mithilfe einer Nadel durch die Blütenmitten einer Doppelblüte stechen und die erste Blüte damit auffädeln. Eine Rocaille ergänzen und noch einmal durch die Rocaille hindurchfädeln – so wird die Blüte fixiert.

4 Nun mit etwas Abstand zu den Blüten alle weiteren ergänzen. Dabei immer eine Rocaille am Faden fixieren, die Blüte und eine weitere Rocaille auffädeln und wie in Schritt 3 beschrieben fixieren.

# Sommerliche Blütenkränze

## als Serviettenringe

**MOTIVDURCHMESSER**
ca. 12 cm

**MATERIAL**
* 5 Faltblätter in Hellrosa-Rosa kariert oder Weiß-Rosa geblümt, 15 cm x 15 cm (Set „Rosalie")
* Serviette in passender Farbe

**FALTSKIZZEN**
Vorlagenheft Seite V 15/16 und V 18

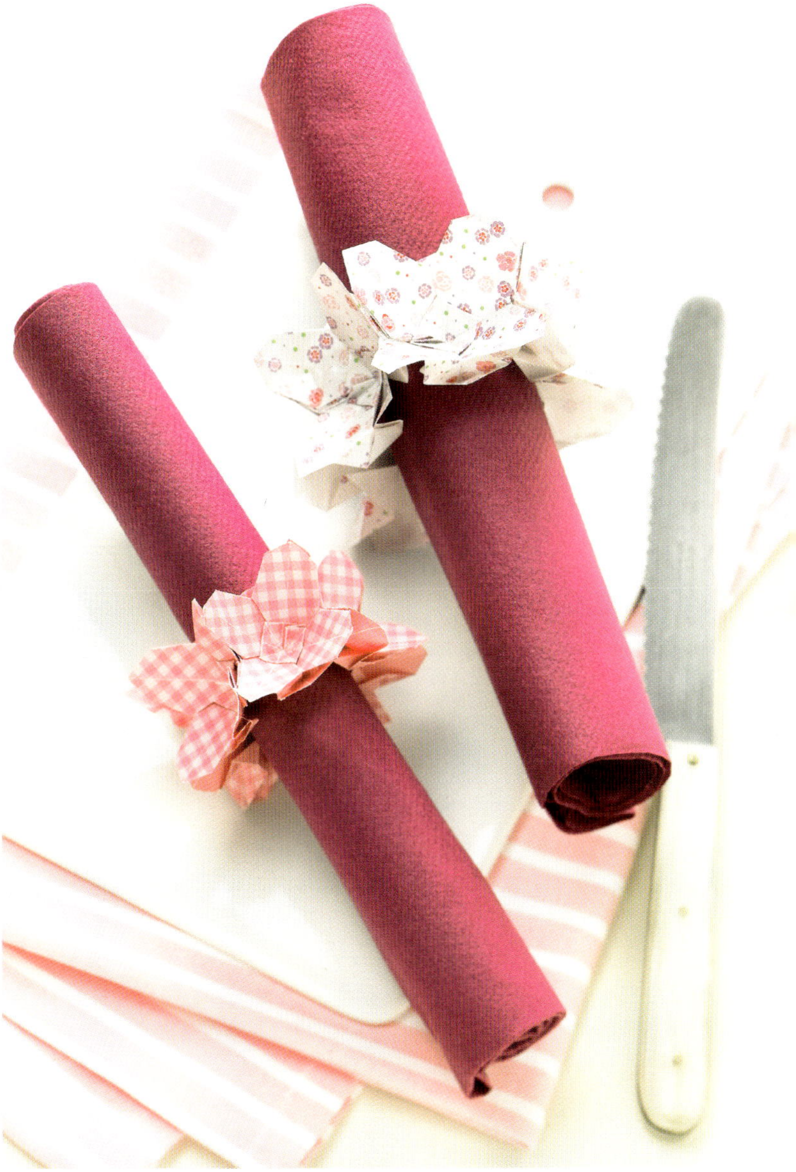

1 Falten Sie die fünf Faltblätter wie in der Anleitung der „Manvelablüte" auf Seite 23 beschrieben.

2 Ein Blütenblatt in der Mitte zusammenfalten. Legen Sie dann die Hälfte des rechts danebenliegenden Blütenblattes auf das zusammengefaltete Blütenblatt.

3 Dieses Blütenblatt nun mit Klebstoff dort fixieren.

4 Danach alle fünf Blüten wie abgebildet an einem Ring zusammenkleben.

5 Rollen Sie die Serviette ganz eng auf und stecken Sie den Serviettenring darüber.

# Fröhlicher Türkranz

## mit edlen Spitzenblüten

BLÜTENDURCHMESSER
ca. 5 cm

MATERIAL
* Faltblatt als Schablone, 15 cm x 15 cm
* 4 Spitzenpapier-Faltblätter in Rot, rund, ø 16 cm
* 4 Spitzenpapier-Faltblätter in Gelb, rund, ø 16 cm
* 4 Spitzenpapier-Faltblätter in Grün, rund, ø 16 cm
* 14 Faltblätter in unterschiedlichen Grüntönen, 15 cm x 15 cm
* Styroporring, ø 30 cm
* 12 Rocailles in verschiedenen Farben
* ca. 40 Stecknadeln
* evtl. Prägestift

FALTSKIZZEN
Umschlagklappe, Grundfaltung Fünfeck
Vorlagenheft Seite V 19–21 und V 24

## Manvelablüte falten

1 Falten Sie das quadratische Faltblatt bis Schritt 4 der „Grundfaltung Fünfeck" auf der Umschlagklappe und verwenden Sie dieses dann als Schablone für die runden Spitzenpapier-Faltblätter.

2 Nehmen Sie ein Spitzenpapier und falten Sie es in der Mitte zusammen (Vorlagenheft Seite V 19–20).

3 Talfalten Sie die untere Ecke auf die obere Ecke, um die Mitte zu markieren, und falten Sie die Faltung wieder auf.

4–5 Legen Sie das Spitzenpapier auf die Schablone. Achten Sie darauf, dass die Markierungsfaltung von Schritt 3 auf der Mitte der Schablone liegt (siehe Hinweiskreis Schritt 5).

6 Das runde Spitzenpapier entlang der Schablonenkante falten.

7 Legen Sie die Schablone zur Seite und falten Sie das runde Spitzenpapier wie folgt weiter:

8 Halbieren Sie das Papier, indem Sie die Kanten aufeinander falten.

9 Talfalten Sie die obere Papierlage der unteren Kante wieder zurück auf die obere Kante.

10 Das Papier wenden.

11 Talfalten Sie die Kanten wieder aufeinander.

12 Falten Sie alles wieder auf.

13 Falten Sie nun mit dem runden Spitzenpapier die Kirigami-Manvelablüte von Seite 24 (Vorlagenheft Seite V 15–17).

## Blätter falten und Kranz stecken

1 Legen Sie das Papier vor sich auf den Tisch und talfalten Sie die linke Kante auf die untere (Vorlagenheft Seite V 21).

2 Eine Schräge in die untere Papierkante talfalten, sodass die Kanten in etwa parallel verlaufen. Der Abstand ist Ihnen überlassen.

3 Falten Sie die neue Spitze wieder parallel entlang der gestrichelten Linie.

4 Falten Sie nun den Rest der rechten Kante auf die Schräge.

5 Wiederholen Sie die Schritte 2–4 auf der Rückseite des Papiers.

6 Nun die Spitze nach unten auf die Kante falten und wieder zurück.

7 Falten Sie die Spitze nochmals nach unten, dabei jetzt aber das obere Papier auf die linke Seite bergfalten.

8 Talfalten Sie das Dreieck nach oben.

9 Das Blatt wenden.

10 Die linke Seite nach rechts talfalten.

11 Klappen Sie das Blatt nun auf.

12 Und fertig ist das Blatt.

13 Stecken Sie nun zuerst die Blüten mit den Rocailles und den Stecknadeln auf den Styroporring und ergänzen Sie mit den restlichen Stecknadeln nach Belieben die Blätter.

## Mein Tipp für Sie

**Blattstruktur definieren** Prägen Sie neben der gefalteten Mittelrippe auch die Seitenrippe des Blattes, um die Faltung noch deutlicher zu definieren. Nehmen Sie dazu einen Prägestift zur Hilfe.

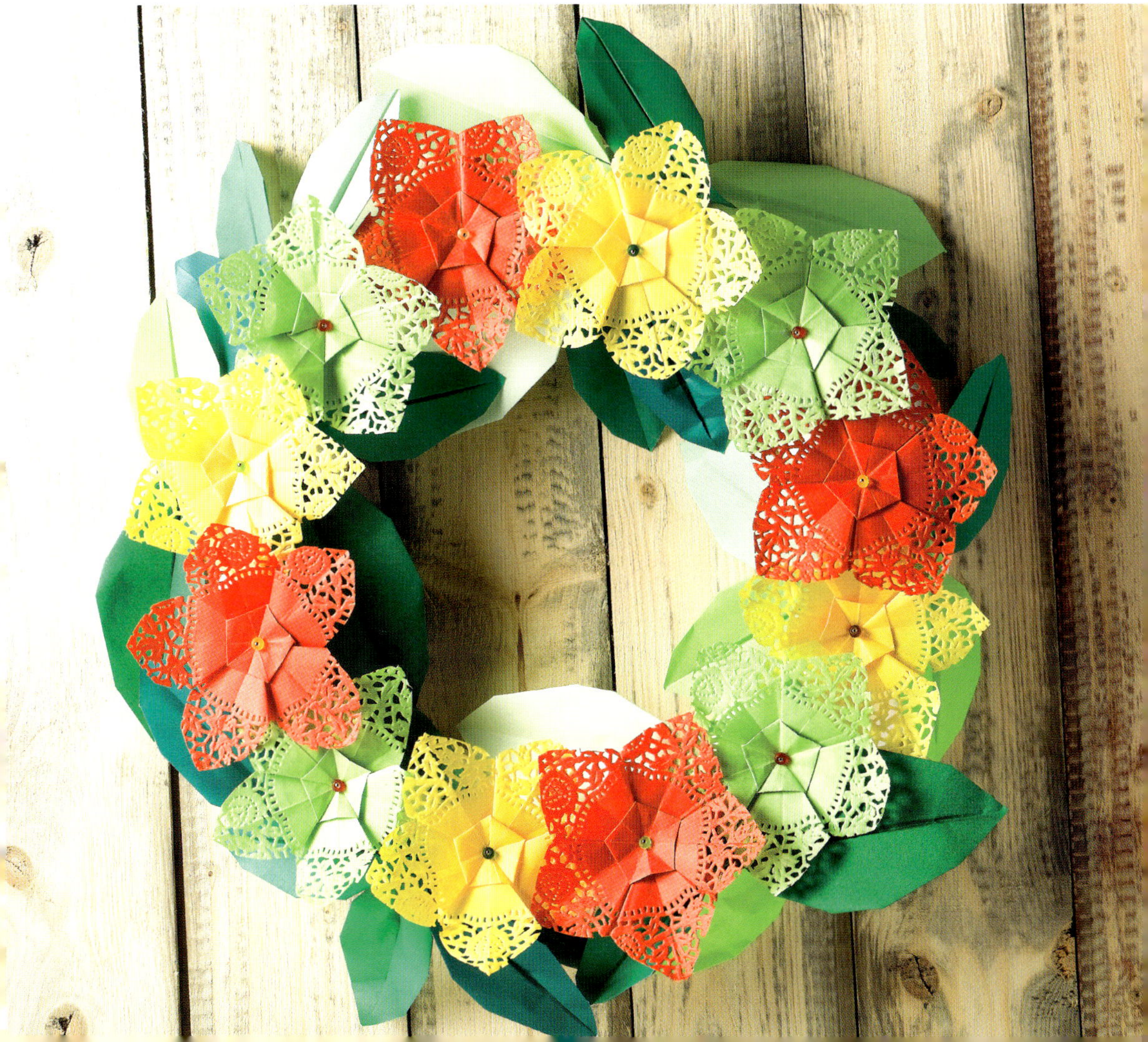

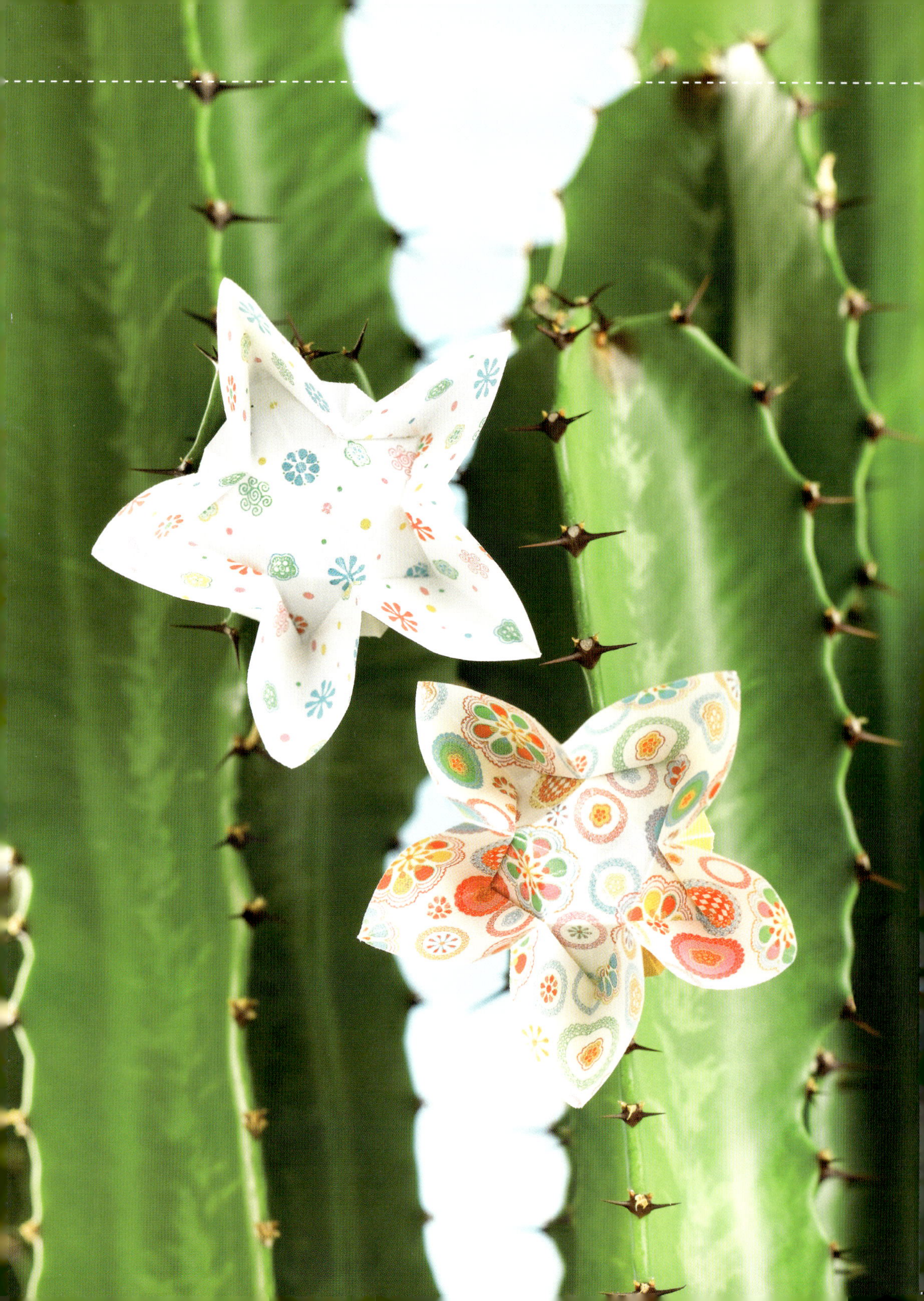

# Immerblühende Kakteen

## verspielte Raumdeko mit fröhlichen Mustern

**DURCHMESSER**
ca. 4 cm

**MATERIAL**
* Faltblatt in Weiß-Bunt gemustert oder Weiß-Türkis geblümt, 5 cm x 5 cm (Set „Jasmin")

**FALTSKIZZEN**
Umschlagklappe, Grundfaltung Fünfeck

Vorlagenheft Seite V 22/23

**1** Erstellen Sie ein Fünfeck anhand der Anleitung „Grundfaltung Fünfeck" auf der Umschlagklappe. Kehren Sie die Faltungen aus der „Grundfaltung Fünfeck" um und zwar immer eine Talfalte und eine Bergfalte im Wechsel.

**2** Das Blatt zusammenfalten. Beachten Sie, dass die farbige Seite der Blüte innen liegt und der geöffnete Teil nach unten zeigt.

**3** Die obere Spitze auf die untere talfalten. Diese Faltung kann auch etwas höher oder tiefer angesetzt werden. Probieren Sie es bei späteren Blüten einfach aus.

**4** Drehen Sie die Innenseite nach außen. Danach das Blatt wie bei der Noniablüte von Seite 17 (Vorlagenheft Seite V 12, Schritt 1 und 2) zusammenfalten. Beachten Sie, dass die farbige Seite jetzt außen liegt und der offene Teil gerade ist.

**5** Falten Sie nun die obere Spitze auf die Mitte der unteren Kante. Alles wieder auffalten.

**6** Die Faltung aus Schritt 3 wird als Bergfaltung und die Faltung aus Schritt 4 als Talfaltung umgefaltet.

**7** Falten Sie die Spitze wie angezeigt auf die gegenüberliegende Seite.

**8** Schritt 7 mit den anderen vier Seiten wiederholen.

**9** Die untere Kante auf die Mitte talfalten.

**10** Falten Sie die zwei Spitzen A und C zusammen. Falten Sie dabei den unteren Teil ebenfalls zusammen und beachten Sie die Tal- und Bergfaltungen.

**11–15** Die Faltschritte 9–10 mit den anderen vier Seiten wiederholen.

**16** Die Blüte kann jetzt noch in der Mitte eingedrückt werden. Anschließend die Blüte einfach auf einen Kaktus stecken.

**Hinweis: Bei den Blüten, die hier abgebildet sind, endet die Faltung nach Schritt 15.**

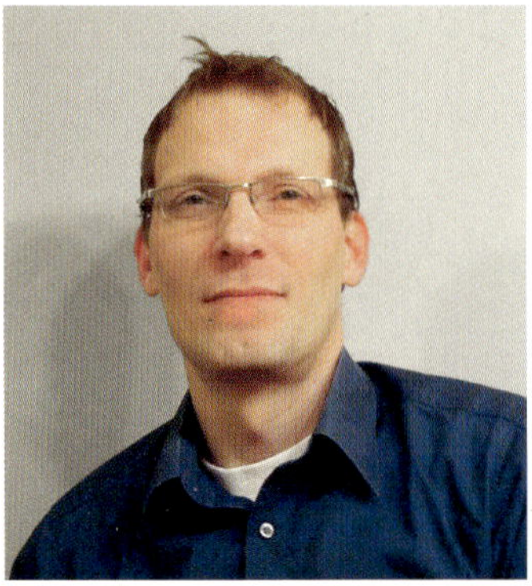

**Dominik Meißner**, 1966 in Berlin-Wilmersdorf geboren, begann bereits im Alter von zehn Jahren mit seinen ersten Papierfaltarbeiten. Seit etwa elf Jahren entwickelt der Diplom-Informatiker seine Origami-Objekte professionell selbst. Neben seinem Hauptberuf als Web-Entwickler in Luxemburg beschäftigt er sich täglich ca. 4–5 Stunden mit Origami. Dominik Meißner lebt heute mit seiner Familie im Saarland. Wenn Sie mehr über ihn erfahren möchten, werfen Sie doch Mal einen Blick auf seine Homepage www.orime.de.


## DANKE!

Vielen Dank an die Firma nice papers, Q-Verlag (Berlin), für die freundliche Bereitstellung von Faltpapieren. Der Autor dankt darüber hinaus seiner Lebensgefährtin Manuela Pieper für die kreative und kritische Unterstützung sowie für die gemeinsamen schöpferischen Blütenbastelwochenenden.





## IMPRESSUM

FOTOS: frechverlag GmbH, 70499 Stuttgart; Dominik Meißner (alle Arbeitsschrittfotos); lichtpunkt, Michael Ruder, Stuttgart (alle übrigen)

PRODUKTMANAGEMENT UND LEKTORAT: Tina Herud

GESTALTUNG: Sophia Höpfner

DRUCK: Sachsendruck Plauen GmbH, Plauen PRINTED IN GERMANY





2. Auflage 2013





ISBN 978-3-7724-4018-2 • Best.-Nr. 4018